VIRAJE ESTRATÉGICO

Carlos A. Dumois es creador del concepto Dueñez empresaria® y presidente y socio fundador de CEDEM, organización a través de la cual ha ayudado a miles de empresarios a ejercer su rol como dueños de manera más efectiva y a dirigir el crecimiento de valor de sus compañías. Se ha destacado por más de dos décadas como columnista de revistas especializadas y diarios a través de sus columnas "Empresarios en crecimiento" y "Dueñez empresaria". También es autor del libro *Consejo de Administración. Compartiendo la Dueñez y la creación de valor.*

Guillermo Gutiérrez es socio consultor de CEDEM. Cuenta con amplio reconocimiento como consultor internacional en las áreas de Dueñez empresaria y gestión de valor. Es licenciado en Administración de Empresas por la Universidad de Guadalajara y máster en Administración por el IPADE. Cuenta con formación como consejero de administración por el Tec de Monterrey y el Instituto de Empresa de Madrid. Está certificado como coach ontológico senior por Newfield Consulting.

Francisco Baumgarten es socio consultor de CEDEM. Es contador público por la Universidad de Guadalajara y cuenta con una amplia trayectoria como consultor y consejero de múltiples empresas, en especial del sector inmobiliario. Se ha destacado como ejecutor de más de cincuenta procesos de viraje estratégico en México, Centroamérica, España y Colombia.

• CARLOS A. DUMOIS •
GUILLERMO GUTIÉRREZ • FRANCISCO BAUMGARTEN

VIRAJE ESTRATÉGICO

Cómo reencontrar la ruta del crecimiento en tiempos adversos

CONECTA

Título original: ***Viraje estratégico***
Cómo reencontrar la ruta del crecimiento en tiempos adversos

Penguin Random House Grupo Editorial, S. A. de C. V.
Blvd. Miguel de Cervantes Saavedra núm. 301, 1er piso,
colonia Granada, alcaldía Miguel Hidalgo, C. P. 11520,
Ciudad de México

8950 SW 74th Court, Suite 2010
Miami, FL 33156

Diseño de Portada: Penguin Random House
Fotografía se Autor: Archivo personal de los Autores
Coordinación editorial: Claudia Beltrán Ruget
Diseño: adaptación del diseño original de Irene Zambrano y Camila Ramírez
Imágenes de interiores: de las páginas 15, 27, 30, 31, 32, 60, 64, 84, 99, 104, 105, 140,
203 y 212: Diseño de macrovector/Freepik, rediseño por Irene Zambrano;
de las páginas 106 y 132: Diseño de Freepik, rediseño de Irene Zambrano; de las páginas 23, 29,
40, 42, 56, 77, 85, 90, 92, 101, 114, 115, 118, 130, 147, 161, 170, 177, 179, 192, 195, 199:
Diseño de Camila Ramírez;
de las páginas 113, 134, 138, 140, 174: Diseño de Freepik, adaptación por Camila Ramírez;
de las páginas 62, 63, 82, 83, 102, 103, 130, 131, 148, 149, 184, 185, 199, 200: viñetas de Flaticon/Freepik;
de las páginas 87, 150: Diseño de Irene Zambrano; de la página 153: Diseño de Freepik;
de las páginas 186 y 208: Diseño de Rochak Shukla/Freepik; viñetas por macrovector/Freepik

ISBN: 979-889-098-743-3

Impresión digital bajo demanda

156016905

A nuestros amados hijos, cuya vida ha estado llena de grandes virajes y a quienes les deseamos éxitos en los muchos más que les tocará enfrentar en el futuro

Los autores

Índice

SEGUNDA PARTE

CAMBIO DE RUMBO

PRÓLOGO

Alfonso Pompa
Secretario de Innovación,
Ciencia y Tecnología del estado de Jalisco

En mis largas travesías de navegación a vela he encontrado analogías aplicables a la vida y en especial a los procesos de dirección empresarial. Este libro logró captar toda mi atención al reafirmar que todo capitán, al igual que todo empresario, sabe que no siempre habrá vientos favorables, que enfrentará tormentas que lo pongan en riesgo de naufragio, o mares sin viento en los que la deriva boba del barco terminará por acabar con sus sueños. Además, sabe que deberá virar a tiempo, con método y tenacidad, para seguir navegando.

He conocido de primera mano los éxitos de los autores al lograr virajes estratégicos de un gran número de empresas, utilizando una metodología producto de su experiencia y de los conocimientos compartidos con líderes mundiales. Han logrado plasmar todo este conocimiento en estas páginas con gran destreza.

Estoy seguro de que el lector encontrará en este "manual de navegación" la inspiración necesaria para generar su propio viento y efectuar su propio viraje estratégico.

Óscar Sánchez
Presidente Dportenis, Mazatlán

En entornos tan complejos y cambiantes como los que estamos viviendo, *Viraje Estratégico* se convierte en una guía para la supervivencia empresarial. Sobre todo porque cuestiona nuestro rol de líderes y nos impulsa a sacudir nuestras empresas con una visión de transformación para mantenerlas vigentes y sostenibles.

El libro nos deja mensajes contundentes y nos narra casos en donde se ha aplicado exitosamente la metodología de viraje, logrando retomar la senda del crecimiento y la rentabilidad.

El mejor viraje puede ser un pequeño ajuste en el rumbo cuando las cosas van bien, pero necesitamos acelerar el paso para que vayan mejor, o cuando requerimos una transformación total de nuestro negocio porque los resultados se están deteriorando, se ven nubarrones y hay pronóstico de tormenta.

Entre más tardemos en darnos cuenta y tomar decisiones, mayores riesgos enfrentaremos. Necesitamos tener indicadores operativos, financieros y de mercado que nos digan con precisión qué está fallando, ver tendencias y anticipar el futuro, y eso lo podemos hacer siguiendo la metodología de viraje que los autores explican con precisión en el libro.

Hay criterios muy claros para implementar el viraje. Primero hemos de enfocarnos en acciones que nos den oxígeno hoy para poder tener negocio mañana. A veces nos toca redimensionar la empresa, aunque al final quede algo más pequeña, pero con mayor potencial. Hay que tirar el lastre y achicar si es necesario.

Aferrarnos a seguir siendo líderes cuando necesitamos cambios radicales puede ser contraproducente. El liderazgo es situacional, dependiendo del momento y la visión, debemos buscar a la persona idónea para realizar la tarea. Por lo general, se requiere un nuevo líder que no tenga apegos con el equipo actual para que realice los cambios requeridos en la estructura.

La planeación es importante, pero la implementación determina el éxito. Titubear puede ser mortal cuando es tiempo de viraje. Este libro es una excelente carta de navegación para llevarlo a cabo. ¡Manos a la obra!

PREFACIO

En algún momento de nuestra historia empresarial todos tendremos que hacer cambios radicales en nuestras organizaciones. En el Centro de Dueñez Empresaria (CEDEM), llevamos más de 35 años dedicados a apoyar a los empresarios en la creación, multiplicación y captura de valor en sus negocios. Aun en sus momentos más inciertos y oscuros, hemos buscado cómo proteger y multiplicar su patrimonio.

A la experiencia vivida hemos sumado valiosos aportes de reconocidos expertos en temas de viraje de Estados Unidos, España y Gran Bretaña. En especial de Chicago Booth Business School y de la Turnaround Management Association (TMA).

Con estas experiencias y estudios logramos desarrollar una visión integral sobre la gestión de empresas estancadas, desenfocadas o en crisis. En síntesis, viraje estratégico es un método efectivo de intervención que permite hacer transformaciones profundas en compañías que no disponen de mucho tiempo para hacerlo.

El presente libro está dedicado a todos los empresarios, tanto para quienes atraviesan dificultades como para los que están creciendo y deseen prepararse para mantener su capacidad de generar valor en ambientes complejos y volátiles.

Los autores

AGRADECIMIENTOS

Nuestro más cálido agradecimiento a todas las personas que contribuyeron a la realización de este libro.

Nuestra colaboración en esta obra proviene del trabajo que durante décadas hemos hecho con empresarios de muchas ciudades y países. Ellos nos han dado la oportunidad de compartir la experiencia de sacar adelante sus negocios.

En particular, los empresarios que más nos aportaron fueron justamente los que nos permitieron exponer sus casos para ejemplificar nuestros métodos, así como quienes nos proporcionaron sus comentarios sobre el texto preliminar del libro.

Muchas personas contribuyeron a hacer posible este libro. Todo el equipo del Centro de Dueñez Empresaria (CEDEM) fue una fuente invaluable de apoyo, cooperación e inspiración. Es evidente que el trabajo que hemos realizado no habría sido posible sin el soporte de dos colaboradoras: Claudia Beltrán Ruget y Lorena Espinoza Hernández.

Los aprendizajes que recibimos en Gran Bretaña y Estados Unidos de la Turnaround Management Association (TMA) también nos dieron algunas bases relevantes para realizar esta obra.

Amamos trabajar, enseñar y escribir siempre, tomando de nosotros el más escaso de nuestros recursos, el tiempo. Por lo tanto, agradecemos el apoyo de nuestras familias, con las que estaremos por siempre en deuda.

Los autores

INTRODUCCIÓN

Apenas comenzaba a anochecer en la ciudad en la que estaba atendiendo a una familia empresaria. Disfrutaba de la vista desde el *lounge* ejecutivo del hotel donde me hospedaba, envuelto en el murmullo de conversaciones ajenas.

Uno de los últimos sorbos de la taza de té, que había ordenado para acompañar mi lectura, me hizo pensar que tal vez era un buen momento para regresar a la habitación. En general, había sido un viaje exitoso y aquella familia había quedado entusiasmada al poder visualizar el futuro promisorio que venía a mostrarles, a pesar de todas las vicisitudes por las que había pasado su negocio.

Al levantar la mirada para buscar la salida fue cuando lo vi por primera vez. A diferencia de las demás personas en el salón, que parecían disfrutar de un buen momento en compañía de sus amistades, este personaje se mostraba cabizbajo y pensativo, mientras movía el mezclador de su ginebra. No podía ver su rostro con claridad, la luz tenue dificultaba ver bien su expresión de desconsuelo.

Parecía esperar a alguien con una intensa mirada de ansiedad. En esa imagen se encontraba algo que definitivamente había llamado mi atención. El hombre estaba allí, pero su mente permanecía en otro sitio. El rato que lo observé me hizo pensar que estaba en un profundo debate consigo mismo. Revisaba unos documentos que tenía sobre la mesa y parecía estar tomando decisiones muy relevantes. Por su expresión intuía que los folios estaban llenos de información financiera. Al regresar su compañero su intranquilidad no mermó, pero dejó escapar unas palabras que alcancé a escuchar y me dieron a entender la situación que comentaban.

—No tenemos liquidez. El equipo de gerentes está cada vez más desanimado. Y disculpa que te sea tan honesto, pero de verdad no sé qué hacer. Más que un socio, te veo como un amigo, por lo que creo que deberías saber de primera mano que estoy pensando en cerrar el negocio.

Su compañero de conversación mostró su preocupación. Lo miró con asombro sin saber qué hacer, asentía y revisaba nuevamente los folios.

—Ya no se me ocurre nada. Pero sabes que le he dedicado los mejores años de mi vida a esta empresa. Estoy al borde del precipicio y por primera vez estoy pensando en rendirme. De noche no puedo dormir. Doy vueltas en la cama y pienso en los titulares que saldrán en los periódicos cuando la quiebra inminente de nuestro negocio se filtre a la prensa. De poco me han servido las clases de yoga para combatir el estrés, ni el saco de boxeo al que golpeo con fuerza, no tengo ganas de nada. Incluso he llegado a pensar que más allá de la crisis global que estamos viviendo, también hemos tomado malas decisiones y que todo se ha juntado para acabar con tantos años de lucha y con miles de empleos. La verdad, todo esto me ha quitado las ganas de vivir y de pensar en el futuro.

Para mí ésa fue la gota que derramó el vaso. Al escuchar tanta angustia en la voz de ese hombre no me pude resistir y decidí acercarme a su mesa. Para mi sorpresa, a medida que se me iba revelando el rostro que correspondía a la llamativa voz, se me hacía más claro que ya conocía a esta persona. Se trataba de un viejo amigo con quien había compartido un encuentro empresario y tenía muchos años de no verlo.

—¡Hola, Joaquín! ¡Qué gusto volver a verte! No pude evitar escucharte y créeme que entiendo y lamento mucho lo que estás viviendo. ¿Me permites sentarme? Si no te molesta, naturalmente.

—¡Hola, Carlos! Qué bueno contar con una sorpresa agradable en medio de esta situación. Adelante, siéntate, por favor.

Joaquín acercó una silla y llamó al mesero para ver qué queríamos tomar. Me dio más detalles de la situación, mientras yo escuchaba cómo la preocupación se volvía a adueñar de su voz. Siguió contando la historia de sus desventuras como queriendo también desahogarse y compartir sus apreciaciones con su socio. Mientras tanto yo iba comprendiendo la problemática.

—Sólo quiero hacerte un par de preguntas —le dije—. Tal vez hace falta ver las dificultades de tu problema con otros ojos. Por ejemplo… ¿Tienes una idea clara de lo que ha causado esta situación? ¿Has pensado cuáles son las alternativas realistas que tienes para rescatar tu negocio?

—Carlos, en este momento no sé ni qué pensar. La situación está tan complicada que ya no sé qué rumbo tomar.

Lo invité a que tomara un respiro profundo para que se relajara un poco y le comenté:

—A grandes problemas, grandes decisiones. Tal vez aún puedas sacar adelante tu negocio. No digo que sea fácil. Algo habrá que sacrificar. Puede ser cuestión de analizar opciones y priorizarlas y, al mismo tiempo, determinar las acciones necesarias para estabilizar la situación financiera y controlar el flujo de efectivo.

"Cuando la tesorería se aprieta, el agobio nos nubla la vista y mata nuestra creatividad. Si recuperamos la serenidad podemos explorar caminos de negocio diferentes. Muchas veces éstos están ahí en nuestra empresa esperando a ser descubiertos y explotados.

"Quiero compartirte algo que seguro te ayudará a entender mejor por qué te lo digo. Hace muchos años iba con dos de mis socios llegando a Ciudad de Guatemala a visitar a unos clientes. En el trayecto del aeropuerto al hotel vimos una señal de tránsito que llamó nuestra atención. Pedimos al conductor que se detuviera. La miramos con detenimiento, e incluso tomamos unas fotografías. Decía: 'Viraje obligado'.

"Esa noche los tres reflexionamos y hablamos sobre el significado de esas palabras: 'Viraje obligado'. Llegamos a una conclusión: ¡implementar un viraje es precisamente lo que debemos hacer los empresarios en momentos de crisis!

"Durante ese mismo viaje advertimos otra señal para profundizar nuestras reflexiones: 'Viraje continuo'. En el trayecto de regreso a casa continuamos la conversación. Posteriormente, afinamos el concepto y desarrollamos una metodología. Hoy la llamamos viraje estratégico, y es un proceso que hemos aplicado en muchas empresas en diferentes países, con resultados contundentes.

"Varios de nosotros también nos hemos certificado en el método de la Turnaround Management Association (TMA) y, aplicándolo, hemos sacado adelante negocios que se encontraban en peores condiciones que el tuyo. Como se dice coloquialmente: estaban en el fondo del pantano y salieron.

"Tras haberte dicho esto, lo primero que te puedo recomendar es mantener la calma para poder crear una perspectiva clara de cómo abordar la situación. Lógicamente sin un liderazgo fuerte, una metodología efectiva y un equipo adecuado será imposible lograrlo.

"Allí es donde te podemos ayudar. Hay un camino para hacerlo. La angustia nunca será buena compañera, así que serénate. ¡Podemos llevar tu negocio a buen puerto!

Esta historia, como la de muchos otros empresarios con los que hemos vivido experiencias de rescate de sus negocios y los hemos logrado sacar a flote, fueron nuestra gran motivación para escribir este libro.

Como parte de su contenido, en cada uno de sus siete capítulos compartiremos casos empresariales reales en los que el Centro de Dueñez Empresaria (CEDEM) ha acompañado a sus dueños en la realización de procesos de viraje estratégico. Cabe anotar que en cada uno de ellos hemos protegido la confidencialidad e identidad de sus verdaderos protagonistas y la de sus organizaciones.

Sabemos que transformar el curso de nuestro negocio no es tarea fácil. La inercia es un enemigo poderoso. Mirar con optimismo hacia el futuro cuando estamos empantanados es retador. Recuperar la senda de la rentabilidad y el crecimiento exige un liderazgo visionario y decidido capaz de sortear cualquier situación.

Juntos podremos encontrar una vía de transformación radical para las organizaciones de Hispanoamérica en tiempos de incertidumbre. Necesitamos contar con una alternativa de solución para reconstruir nuestra empresa y todas sus variables estratégicas. No esperemos más tiempo. ¡Actuemos ahora!

CARLOS A. DUMOIS

PRESENTACIÓN

El cambio se ha convertido en el único factor constante en nuestros escenarios de planeación. Ante las profundas transformaciones tecnológicas, geopolíticas, generacionales y sociales, nuestras empresas tienen que continuar generando valor.

Es evidente que si los empresarios no contamos con las herramientas necesarias para cambiar nuestra carta de navegación en el momento que lo requiramos, estaremos pronto fuera del mercado.

Este medio ambiente inestable exige del dueño una atención continua a su negocio, buscando a su alrededor las oportunidades que le permitan, si se aprovechan bien, aproximarse a sus objetivos, buscando también prever las amenazas que le entorpezcan avanzar hacia los mismos.

Son muchos los propósitos que la empresa ha de perseguir: generar riqueza, satisfacer su mercado, crear valor, desarrollar a su gente; pero tal vez la meta más difícil de lograr sea la de asegurar su propia continuidad en el largo plazo. Fortalecer las posibilidades de permanencia representa un desafío de gran envergadura para cualquier empresario en todo momento.

Para la compañía cuyas fórmulas de negocio siguen vigentes en medio de este caos, los retos de permanencia se presentan de diversas formas: desequilibrios organizativos, trastornos operacionales, desbalances financieros y, para muchos, la necesidad de integrar un equipo humano más poderoso que apuntale la creación de valor y que participe en la toma de decisiones de creciente complejidad. En suma, el reto de la permanencia para el negocio exitoso se centra en la consolidación de su organización para poder multiplicar su éxito.

Para la empresa que ha perdido la brújula, la prioridad es reubicarse y definir la nueva ruta. Su permanencia está en juego a más corto plazo. En este caso, por error o por omisión, hemos perdido la posición, el liderazgo y los buenos resultados. ¡Urge salir de ahí!

Ante un entorno realmente crítico, el ejercicio de la Dueñez* implica, antes que nada, que reconozcamos la necesidad de mejorar nuestra capacidad de cambiar. El viraje estratégico puede ser el camino para muchos.

* Dueñez es una marca registrada de Carlos A. Dumois.

PRIMERA PARTE

Pronóstico de tormenta

Mover una embarcación paralizada o naufragante, **al igual que a una empresa estancada**, demanda un liderazgo capaz de sacarla a flote e impulsarla a hacer cosas extraordinarias.

1

TIEMPOS DE VIRAJE

Las condiciones de navegación se dificultan por el mal tiempo, la fuerza del viento, averías en el mismo barco o por otras situaciones internas o externas. También puede ser desesperante estar al timón de una embarcación que no se mueve hacia ningún lado, paralizada por una calma chicha en una quietud eterna. Frente a esta percepción de riesgo o estancamiento, el capitán y la tripulación han de evaluar, sobre la marcha, si es necesario que el buque tome renovado impulso o cambie de dirección.

Hoy evidenciamos un escenario similar en el mundo empresarial. Ante la volatilidad de los mercados y dada la incertidumbre predominante en nuestros escenarios de planeación, nos toca anticipar estrategias prudentes, con medidas concretas, que nos permitan sortear las tormentas potenciales.

Los empresarios nos encontramos con frecuencia ante caídas de la economía agravadas por eventos imprevisibles, como pandemias, guerras y catástrofes, con sus efectos globales. Son situaciones suficientemente críticas como para obligarnos a reconsiderar las consecuencias que podrán padecer nuestros negocios. Sin embargo, no podemos adoptar la actitud de reaccionar sólo ante la adversidad, sino que debemos desarrollar hábitos reactivos y proactivos continuos y permanentes respecto al futuro, que hoy se muestra cada vez más incierto.

Los riesgos que hoy y siempre podemos prever en el entorno exigen que estemos preparados con planes de contingencia que podamos implementar con agilidad ante situaciones difíciles. Estos planes deben conformar un paquete de medidas relevantes y congruentes para asegurar la flexibilidad de nuestra empresa. En este paquete conviene tomar en cuenta cinco cuestiones básicas.

La primera consiste en preguntarnos si tenemos ya una apreciación verdaderamente realista de la situación de nuestra empresa: ¿conocemos nuestras fortalezas y debilidades?, ¿podemos diagnosticar las causas de nuestros problemas?, ¿hemos identificado nuestras deficiencias directivas y sus repercusiones en la organización?, ¿tenemos ideas claras de los cambios más trascendentales que hemos de impulsar para seguir adelante?, ¿cuál es hoy nuestra mejor oportunidad?

Cuestionamientos como éstos pueden ayudarnos a precisar si partimos de una interpretación correcta de nuestra realidad al diseñar el plan de viraje.

En segundo lugar debemos asegurarnos de haber generado y contemplado un amplio abanico de opciones ante la problemática que enfrentamos y sus probables escenarios a corto plazo. En esto vale la pena compartir con nuestra gente clave el ejercicio de prever riesgos y preparar respuestas. Puede haber muchos caminos más que los que de entrada la situación parece presentarnos; conviene explorarlos todos con proactividad.

Al hablar de tácticas emergentes es valioso basarse en lineamientos útiles y sencillos, medidas básicas, como concentrarse en el negocio que dominamos, aligerar estructuras de organización, redimensionar la operación, cuidar la liquidez y sanear la estructura financiera.

El tercer cuestionamiento que nos podemos hacer se centra en evaluar la relación costo-beneficio de cada una de las alternativas que nos planteemos. ¿Cuánto va a costarnos esa acción y qué es lo que realmente vamos a recibir de ella? Para contestar a esto el empresario puede también requerir de la ayuda de sus colaboradores y de asesores externos; sin embargo, él debe sentirse lo suficientemente seguro de que esa acción va a dar resultados y de que valdrá la pena apostarle.

La cuarta cuestión para validar nuestra estrategia de renovación consiste en el análisis de su viabilidad. Por más realista que sea nuestra interpretación de los hechos y por más contundentes que parezcan las opciones elegidas, también hay que asegurarnos de que dispondremos de la tecnología y experiencia requeridas, así como de suficientes recursos humanos y materiales para su consecución. La prudencia aquí se convierte en una virtud vital para no ser temerosos ni temerarios al comparar nuestros recursos y capacidades con las acciones a emprender.

El último cuestionamiento que nos haremos para darle validez a cada acción se refiere al plazo del logro. Los resultados y aportaciones de cada medida deben ser oportunos, ya que estamos hablando de caminos para salir de situaciones que pueden tornarse críticas. No nos interesan soluciones cuya aportación se obtenga demasiado tarde. Necesitamos resultados a corto plazo.

El encontrar alternativas viables para responder rápidamente a situaciones imprevistas o adversas constituye la médula de toda estrategia de viraje. Estas medidas habrán de ser siempre relevantes y congruentes, es decir, que contundentemente resuelvan la problemática en cuestión y que sean coherentes con la querencia del empresario, con su proyecto de crecimiento y con el resto de elementos que componen su empresa. Como líderes de empresa hemos de aplicar en ello nuestra creatividad e imaginación.

Sin embargo, generalmente las tácticas más efectivas y de respuesta rápida surgen de lineamientos generales, prácticos y sencillos, que hemos de validar de acuerdo con la realidad de nuestro negocio. Ya sea que el empresario busque por sí mismo las soluciones apropiadas o que se auxilie de colaboradores internos y externos, no debe esperar planteamientos tan grandiosos u originales...

¡que nunca llegan! Los caminos suelen estar ahí; hay que descubrirlos, encontrarlos; los más efectivos suelen estar disfrazados con la máscara de la sencillez.

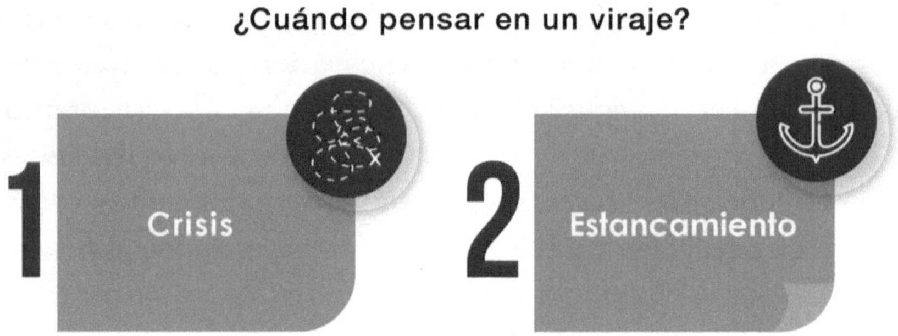

¿Cuándo pensar en un viraje?

1 Crisis

2 Estancamiento

Figura 1

Fuente: Elaboración propia, 2022.

Tenemos que pensar en un viraje cuando estamos en una crisis que atenta contra la continuidad de nuestra empresa, y que suele manifestarse primero con un deterioro de los resultados y luego con la pérdida de liquidez, inhabilitándonos para cumplir con nuestros compromisos financieros y operativos.

También es aconsejable darles un giro a los negocios cuando vivimos periodos de estancamiento en donde los resultados no mejoran o, incluso, se deterioran paulatinamente, y nuestra respuesta no es contundente para revertir esa situación.

Conviene que reflexionemos sobre las causas que demandan aplicar una estrategia de viraje. Si bien cada compañía en particular tiene condiciones únicas, a continuación presentamos las que se evidencian con mayor frecuencia.

ESCENARIOS DE CRISIS

Entorno adverso

En un entorno VICA, es decir, volátil, incierto, complejo y ambiguo, lo único que podemos predecir es el cambio, que impactará todos los procesos de negocio. En este entorno tendremos que poner en juego nuestros talentos empresariales, desarrollar la flexibilidad organizacional y reorientar los negocios hacia nuevas posibilidades de creación de riqueza.

En esta nueva realidad hemos visto cómo hay empresarios que han logrado darle la vuelta a la situación de crisis y renovarse, mientras que hay otros que se han dejado dominar por la situación.

Hemos compartido este pensar con dueños de negocio de distintos calibres en Madrid y en Barcelona, en Bogotá y en Guatemala, en la Ciudad de México y en Guadalajara, y hemos visto claramente la diferencia entre la proactividad y el optimismo de unos y la desesperanza y el desánimo de otros.

La adversidad del entorno es un juicio, una interpretación para aquellos que se quieren aferrar a situaciones que ya no prevalecen, o que nos toman débiles organizacional o financieramente para responder con agilidad a las nuevas condiciones de competencia.

Una buena parte de los empresarios de Latinoamérica no tiene el hábito de prepararse suficientemente para experimentar dificultades financieras, por lo que cuando sus negocios se enfrentan a situaciones económicas adversas muestran inmediatamente su fragilidad.

Sus empresas están sobreendeudadas, o carecen de líneas de crédito suficientes para enfrentar una caída inesperada de ingresos, o tienen puntos de equilibrio elevados respecto al promedio de sus niveles de venta, o tienen sistemas de información financiera arcaicos, o muestran desorden e imprevisión en el manejo de su tesorería y en su gestión del capital de trabajo.

Con estas debilidades en su administración financiera, las crisis los golpean más fuerte que a competidores mejor administrados y muy pronto tropiezan con impedimentos serios para seguir atendiendo bien a sus mercados.

En México, como en la mayoría de los países latinoamericanos, hemos vivido diversos periodos de crisis. Si bien hemos aprendido mucho de ellos, la situación global que actualmente vivimos es más profunda y prolongada, por lo que aún es difícil determinar cuántos años de recesión nos dejará.

Deterioro financiero

El debilitamiento financiero no siempre se da porque la fórmula de negocio ya no funciona o porque se ha deteriorado la fertilidad de sus mercados. Es posible que el problema se centre en que las finanzas y la administración hayan sido mal manejadas con deficiencias en el control, la previsión y la asignación de recursos.

El maremoto económico que estamos viviendo demanda que mejoremos la calidad de gestión de nuestras finanzas, que seamos más prudentes con nuestras deudas, que cuidemos nuestra tesorería, que mantengamos un bajo nivel de gastos con respecto a los ingresos, que afinemos nuestros sistemas de información y control. En resumen, debemos blindar nuestras finanzas y redefinir cómo seguir manejando la economía de nuestros negocios.

Para encontrar las verdaderas causas de la problemática financiera, en primer lugar debemos examinar el nivel de resultados que estamos obteniendo y si éste es suficiente para asegurar la supervivencia del negocio mientras pasa la tempestad. Aquí debemos cuidar que nuestra visión sobre los resultados operativos no sea parcial ni de corto plazo. Hay que contemplar todas las variables clave y su tendencia hacia el futuro.

En este terreno nos encontramos con frecuencia ante el empresario que no tiene una visión integral de su compañía o que le falta plena conciencia de sus resultados. Por eso es importante que contemos con parámetros de medición que nos vayan indicando cómo vamos. Éstos deben ser específicos para cada compañía: lo que es importante en mi negocio no necesariamente lo es en otros.

Los parámetros adecuadamente definidos son la base para determinar las unidades con las que establezcamos objetivos, midamos avances y puntualicemos el mínimo rendimiento saludable. Así, cualquier disminución persistente en el desempeño de estos parámetros debería considerarse como enfermizo y se tendría que buscar pronto remedio.

En segundo lugar, el líder del negocio debe estar atento al funcionamiento de su organización y detectar si las deficiencias manifiestas responden a cuestiones de fondo que puedan debilitar gradualmente la capacidad económica y competitiva de su empresa.

En la inmensa mayoría de los rescates de empresas estancadas es necesario aplicar al inicio una estrategia de viraje para estabilizar la crisis de liquidez. Más allá de la estabilización financiera, lo que se requiere después es un tratamiento diferente, único, con diseño propio, de acuerdo con la realidad específica de cada empresa.

Invalidez del negocio

En algunos casos, cada vez más frecuentes, puede ocurrir que nuestra fórmula de negocio se haya vuelto obsoleta, nuestra diferenciación se haya desdibujado o nuestra manera de ganar dinero ya no responda a las realidades del mercado.

Generalmente esto ocurre cuando la oportunidad sobre la cual hemos armado nuestro negocio es irreal, ya sea por una comprensión errónea de las necesidades del mercado, por inercia, o por una excesiva valoración de nuestras capacidades para satisfacerlo competitivamente.

Es imperativo determinar con agilidad cuándo la invalidación de nuestro modelo de negocio es la causa de los malos resultados. Cuando éste ya no responde a las cambiantes realidades del mercado, ni el más extraordinario desempeño administrativo tendrá un impacto relevante. Nuestro negocio estará enfermo por dentro, en sus fundamentos, y ahí será donde tendremos que intervenir.

Si el diseño estratégico es incongruente o partió de premisas erradas, o no fue capaz de recoger con sensibilidad el comportamiento del mercado, tenemos que reconocer que estamos ante un caso de estrategia fallida.

La mayoría de las empresas con bajos rendimientos necesitan reenfocarse. Los modelos de negocio se agotan o requieren ser

actualizados. Los cambios en el entorno frecuentemente invalidan estrategias que fueron efectivas en el pasado.

SITUACIONES DE ESTANCAMIENTO

Dispersión competitiva

Con el crecimiento y el éxito es frecuente que las empresas se diversifiquen en productos, mercados y fórmulas de negocio, incursionen en nuevas geografías o intenten la internacionalización. Muchas veces estos caminos de supuesto crecimiento lo único que generan es dilución de recursos, pérdida de liderazgo competitivo y caos organizacional.

A veces las fórmulas de éxito iniciales son tan generosas que permiten a muchos negocios sostener algunas apuestas fallidas en las que podemos permanecer durante años sin advertir sus altos costos de oportunidad.

La dispersión competitiva es la causa de fondo de la mayoría de las situaciones de viraje. Este hecho demanda, en un alto porcentaje de los casos, un proceso de rediseño competitivo que se convierte en el eje del proceso de transformación y en la base del regreso a la senda de crecimiento sano y la creación de valor.

Falta de liderazgo

Cuando nuestras empresas crecen, la natural complejidad que demanda un negocio de mayor dimensión, sumada a la administración de un portafolio de varias fórmulas de negocio, requiere un liderazgo que debe evolucionar para dar una respuesta cabal a todos los frentes.

Esto implica traer nuevos talentos, hacer cambios profundos en la cultura y el sistema de gestión y aprender nuevas prácticas organizacionales. No hacer estos cambios oportunamente generará obstáculos en el desarrollo de la compañía y luego se manifestará como falta de coordinación, de sinergia, de trabajo en equipo y, al final de todo, en un pobre desempeño.

La realidad es que si la empresa ha dejado de contar con un líder exigente, suele presentar desempeños mediocres que, sumados a un entorno complicado, la debilitan aún más. Sin embargo, aunque el problema de fondo sea de liderazgo, muy seguramente nosotros o nuestros consejeros encontramos en las dificultades del entorno el pretexto perfecto para no asumir la responsabilidad de la mediocridad de los resultados.

Si además de las dificultades de las condiciones externas la empresa no ha contado con un liderazgo que la haya conducido efectivamente por caminos de creación de valor, puede ser que aplicar una estrategia de viraje le ayude a reencontrar tales caminos.

Falta de coherencia

Otra causa por considerar puede ser la falta de un encadenamiento lógico del proyecto estratégico de negocio con las decisiones operativas tomadas para hacerlo realidad. Es decir, que no exista coherencia entre la manera específica en que hemos tratado de lograr nuestros objetivos con los objetivos mismos.

La incoherencia estratégica es un problema muy común, y muchas veces se debe a la falta de un equipo de Dueñez que comparta las decisiones más relevantes.

La centralización del poder en un empresario con un estilo de liderazgo solar puede tener sus ventajas, pero también tiene sus límites. Al carecer de un equipo ejecutivo, pensante y con sentido estratégico, todo el diseño de los distintos modelos de negocio recae en la visión de este empresario, y no es fácil que su dominio sea igualmente profundo en todas las áreas de negocio.

La desalineación de inversiones, gastos, procesos o equipos humanos puede causar un nivel tan alto de incoherencia que la mejor solución pudiera ser la aplicación de un plan de viraje que ayude a volver a integrar la totalidad del proyecto.

Falta de determinación y confianza

Otra razón por la que puede darse en nuestra empresa una situación crítica que requiera de un viraje podría ser la falta de determinación y confianza para implementar eficazmente las decisiones tomadas y lograr los objetivos trazados.

A veces la estrategia es correcta, las decisiones son acertadas, pero la ejecución ha sido débil, tibia y con falta de contundencia.

No todo se resuelve a través de rediseño estratégico. La carencia de habilidad para implementar con diligencia y eficacia no debe tolerarse prolongadamente. El resultado puede causar la necesidad de un viraje y de cambios en los líderes de la organización.

Tolerancia

Cuando nuestra empresa no ha sido líder en el mercado y ha operado con bajos rendimientos, no es una organización madura y ha permitido la mediocridad, es muy probable crear situaciones prolongadas de estancamiento.

Esta medianía que persiste nos induce a veces a pensar que la situación puede cambiar algún día y que mejorará por sí misma. Pero sabemos que si no llega a la organización un líder con un planteamiento diferente, tal vez de viraje, tarde o temprano provocará deterioro de resultados y crisis financiera.

Acabar con los largos periodos de estancamiento en la creación de valor es una responsabilidad de la Dueñez. Si observamos este comportamiento en una compañía, sin duda podemos afirmar que ha habido una ausencia del rol de dueño durante un buen tiempo.

¿EN QUÉ CONSISTE EL VIRAJE ESTRATÉGICO?

Es el arte de saber explotar al máximo posible el estrecho margen de acción con que cuenta una empresa que se encuentra en situación crítica, dirigido a restaurar la confianza en su futuro.

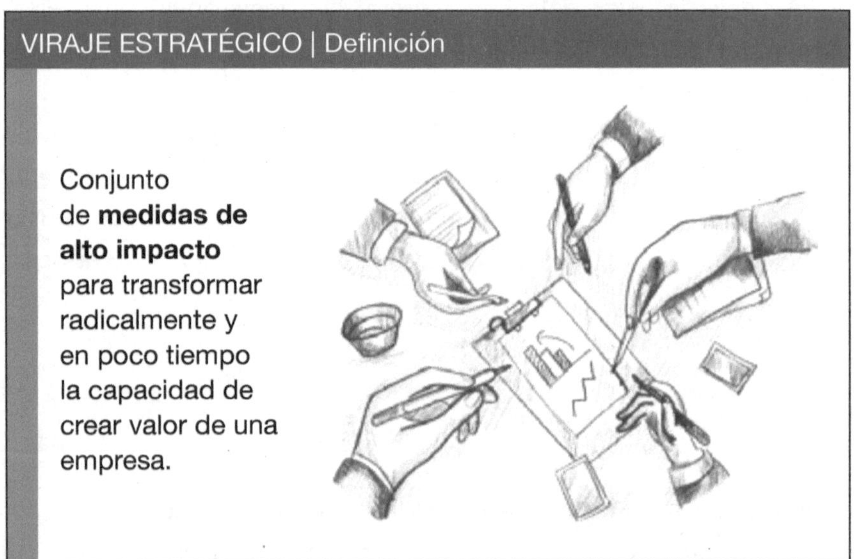

Figura 2

Fuente: Imagen por Harryarts en Freepik.

El viraje estratégico se traduce en un conjunto de acciones de alto impacto encaminadas a provocar una transformación radical en la empresa, partiendo de la identificación de sus problemas de fondo y de sus áreas de oportunidad clave.

Diseñar y ejecutar un viraje efectivo implica, primero, realizar un diagnóstico acertado de la situación y luego trabajar en varios campos distintos, en los que ha de concentrarse el esfuerzo de cambio.

El propósito es rescatar el valor y la capacidad de seguir creándolo. En ocasiones será más importante salvar el restante valor en riesgo. En otras, puede ser más relevante restaurar la capacidad de creación de valor que conserve la organización. La mayor parte de las veces podemos lograr ambas cosas.

El proceso de viraje busca diseñar con agilidad el proyecto que se quiere, al definir una serie de metas y establecer prioridades con el fin de volcar a todos los miembros de la organización hacia un fortalecimiento inmediato que ayude a asegurar primero el presente de la empresa, para luego construir su futuro.

Para llevar a cabo este proceso debemos cumplir con un mínimo de condiciones, algunas se refieren a la empresa misma y otras al rol de dueño.

En cuanto a la empresa, la primera condición es que existan opciones para la resolución de sus problemas comerciales, organizativos o financieros, no importa el estado de salud que guarde.

Es más, si son verdaderamente graves los males que se padecen, pero aún quedan alternativas viables para seguir adelante, la estrategia de viraje justamente enfocará el esfuerzo y la determinación de su líder a encontrar y perseguir las mejores opciones.

Le corresponde al dueño o a quien lidera la organización determinar cuándo es oportuno aplicar una estrategia de viraje. Ésta es una decisión mayor que puede llegar a implicar cambios en la fórmula de negocio, en la identidad de la empresa, en la estructura de la organización y en asuntos patrimoniales trascendentes.

La alta dirección no puede tomar estas decisiones sin la participación de los dueños.

En esto es crucial el realismo de quienes tomen las decisiones. Hay casos donde el negocio ya no tiene salidas viables o donde ya no es sensato mantener un proyecto cuyas posibilidades de rentabilidad han muerto.

En el ámbito del ejercicio de la Dueñez, que significa ejercer el poder en la cima de la organización, no es imperativo que alguno de los propietarios tenga las capacidades para liderar el proceso. Lo importante es que tengan conciencia de lo que está ocurriendo y de lo que hace falta hacer, de los riesgos que se corren y del apoyo cabal que le brinden a un líder bien elegido.

En las últimas dos décadas diferentes autores han documentado extensamente el fenómeno de las crisis corporativas y cómo resolverlas, entre los más representativos figuran Richard S. Sloma con *The Turnaround Manager's Handbook* (1995), Stuart Slatter y David Lovett con *Corporate Turnaround* (1999) y Alan Tilley con *Turnaround Management* (2019).

Investigadores y especialistas coincidimos en afirmar que, si bien existe una metodología óptima para implementar el viraje, cada caso es único; las diferencias entre compañías, empresarios y familias propietarias son enormes; pero sí podemos generalizar unos principios y herramientas, y con ellos construir un modelo que les sirva a todos para comprender y enfrentar sus dificultades.

El proceso de viraje se divide en seis fases que a continuación describimos y desarrollaremos metodológicamente en los próximos capítulos. Para facilitar su comprensión, exponemos casos reales que hemos llevado a cabo y extraemos de cada uno de ellos reflexiones y conclusiones pertinentes.

1. Reconocimiento
2. Liderazgos
3. Diagnóstico
4. Estrategia
5. Implementación
6. Cierre

FASES DEL PROCESO DE VIRAJE

FASES DEL PROCESO DE VIRAJE

Reconocimiento

1. En esta primera fase se busca que captemos y aceptemos la gravedad de la situación, así como la necesidad de pasar a la acción para que nuestra empresa sobreviva. El reconocimiento es realismo, madurez, dejar de soñar. En definitiva, convencernos de que tenemos que darle un giro radical al negocio. Este reconocimiento es vital para impulsar el resto del viraje.

Liderazgos

2. Una vez que hemos reconocido la necesidad del viraje, debemos analizar si contamos con los líderes apropiados para llevar a cabo el proceso, o si, por el contrario, son los líderes actuales quienes han permitido que la organización se estanque o entre en crisis.

   La mayoría de las veces se requiere armar un nuevo equipo que diseñe e implemente los proyectos de cambio y los planes de acción para darle la vuelta a la empresa.

   El equipo de viraje exige un líder protagónico que conduzca el proceso contando con el apoyo pleno de los propietarios y de los miembros del equipo de dirección.

Diagnóstico

3. Con el equipo de líderes seleccionados hacemos una evaluación en la que determinaremos qué está pasando, cuál es la causa de la crisis y dónde podría estar la solución.

Esta etapa consta de varias fases que incluyen la interpretación de la situación, cómo llevar a cabo el diagnóstico, las claves del diagnóstico y el manejo de interesados.

Estrategia

4. La estrategia de viraje es un planteamiento integral que se va construyendo a la par del diagnóstico y que parte de una hipótesis de recuperación del valor que quede en la empresa y del reencuentro de los caminos para crearlo de nuevo.

Es un proceso ágil en el cual el líder de viraje debe tener una gran capacidad de cuestionamiento, de análisis y de síntesis para descubrir dónde puede haber nuevas jugadas para su negocio, nuevas canchas competitivas, nuevos mercados y segmentos, nuevas fórmulas de negocio.

La estrategia de viraje no se enfoca sólo a recuperar la salud financiera, sino, sobre todo, a conducir al negocio por caminos de liderazgo competitivo y rentabilidad.

Implementación

5. La implementación es un proceso ágil y flexible. Rápidamente hay que aplicar las medidas elegidas, luego validarlas en días o semanas (no pueden ser meses o años) y reinventarlas tantas veces como sea necesario.

Ejecutar un viraje es actuar con hambre de respuesta inmediata y con capacidad para reconsiderar alternativas en espacios de tiempo cortos.

La implementación de la estrategia de viraje generalmente se conforma de tres grandes bloques: tomar el control de la empresa, estabilizar la crisis y rescatar la capacidad de Crear Valor.

Cierre

6. Cuando vemos que la situación se ha estabilizado, hemos recobrado nuestra salud financiera y la organización está lista para seguir creciendo sanamente, entonces podemos dar cierre al proceso de viraje.

   Esta etapa es muy importante y no debe dejar lastres, ni grandes pendientes, ni problemas sin resolver. También debe restaurar las relaciones que se afectaron por cuenta del impacto de las medidas tomadas.

   No por el hecho de terminar las etapas anteriores significa que hemos culminado con el proceso. La obra no se termina con la última escena, concluye con el agradecimiento de los actores y los aplausos de los espectadores.

CASO GRUPO TECNOPRÓ

Rememorar la historia de éxito del Grupo Tecnopró, así como su posterior declive, significa a todas luces recordar a una empresa familiar con un alto potencial que, debido a la pérdida del liderazgo competitivo, la dilución de recursos y el caos organizacional, vivió de primera mano lo que es una caída. Pero también lo que significa volver a encontrar el camino para levantarse.

RECONSTRUIR AL BORDE DEL ABISMO

Son pocas las organizaciones familiares que logran sobrepasar la tercera generación. El grupo Tecnopró, a pesar de todas sus vicisitudes, ha logrado mantenerse en el mercado por más de 70 años. Su inicio fue modesto; su visión, ambiciosa.

Sus fundadores fueron los esposos Jairo León y Edelmira Rodríguez, quienes crearon una pequeña empresa de producción y aplicación de impermeabilizantes para uso residencial e industrial en Bucaramanga, capital del departamento de Santander, Colombia.

Jairo y Edelmira tuvieron cuatro hijos varones y una mujer: Jairo, Raúl, Juan Antonio, Federico y Clara Inés. Los varones se involucraron en el negocio desde muy jóvenes, pero fueron Jairo y Raúl, los dos mayores, quienes asumieron responsabilidades según las necesidades del momento y siempre bajo la orientación de su padre. Así, se forjó la impronta que continuó impulsando la creación emprendedora de la primera y segunda generación.

Algunos años después incursionaron en la industria de la construcción de oleoductos, logrando importantes contratos con

Petrocol, una de las empresas de exploración de hidrocarburos más importantes del país. Fueron aún más lejos posteriormente, cuando emprendieron su aventura internacional con la instalación de plantas industriales en Ecuador y luego en México, Argentina, Brasil, Chile, Venezuela e Italia.

Además, entre las jugadas estratégicas, la familia empresaria decidió invertir una parte de las utilidades obtenidas en la compra de terrenos, con la mente puesta en que éstos llegaran a valer muchos millones de dólares. Esta idea le permitió al grupo crear un fondo patrimonial con el cual, tiempo después, lograrían desarrollos en construcción y servicios.

Anteponiéndose a la tragedia

Constituida ya como empresa familiar, en donde trabajaban conjuntamente la primera y segunda generación, se produjo un hecho trágico que cambió el rumbo del grupo. En un accidente de aviación murieron Jairo León, el padre fundador, su esposa Edelmira y sus hijos Juan Antonio y Clara Inés.

Después de asumir el duro golpe, Jairo León Rodríguez asumió el relevo en el liderazgo del grupo, convirtiéndose en el director general y logrando encaminar el gran potencial de expansión y crecimiento que todos en la familia percibían posible.

Jairo era un hombre valiente y aguerrido. Con su equipo de ingenieros y calculistas se atrevió a llevar a cabo obras muy complejas en ambientes adversos. Llegó al extremo de arriesgar su propia vida con tal de lograr el éxito de los proyectos. Raúl, su hermano, no se quedaba atrás, y en un rol de segundo al mando, se empeñó en traer siempre nuevos negocios y retos a la compañía.

Desencuentros familiares

Cuando todo parecía florecer, una serie de sentimientos negativos germinó entre los dos hermanos. El estilo de liderazgo unipersonal ejercido por Jairo (heredado en buena parte de su padre) empezó a generar roces con Raúl. El mal manejo de esta situación hizo que la rabia, la desconfianza y el resentimiento se fueran apoderando de las relaciones entre los dos.

Raúl cada vez estaba más convencido de que su hermano lo opacaba e invisibilizaba sus esfuerzos, no sólo al interior de la organización y la familia, sino también en el ámbito industrial y político de Colombia. Jairo se relacionaba con personajes del gobierno y de la alta sociedad, con quienes había entablado relaciones comerciales y sociales.

Para ese entonces, la pequeña compañía se había transformado en un grupo conformado por cinco empresas: tres en el sector industrial y dos en el sector de servicios e inmobiliario. En este último tenía una empresa que construía y comercializaba proyectos de gran envergadura, como centros comerciales, edificios, hoteles y casas de lujo. Éste llegó a ser uno de sus negocios más lucrativos.

Al poco tiempo, la tragedia ronda de nuevo en la familia. En un accidente mueren Federico León Rodríguez y su esposa. Ante este nuevo golpe del destino, là familia decidió que Jairo continuara en la dirección del grupo con el apoyo de su hermano Raúl y con Federico júnior, en representación de su fallecido padre. Su promesa ante la adversidad fue la de trabajar unidos para lograr la continuidad de cada una de las cinco ramas familiares en el negocio.

Los hermanos León no pudieron encontrar el equilibrio. La rivalidad se acrecentó entre Jairo y Raúl, porque este último deseaba mayor protagonismo y le manifestó a su hermano su deseo de dirigir el grupo, lo que a Jairo le pareció una total falta de reconocimiento al esfuerzo realizado y los éxitos conseguidos.

Federico júnior no encontraba su lugar, no sólo por la diferencia generacional con sus tíos, sino por la dificultad que halló para contribuir al desarrollo del grupo. Jairo era quien tomaba todas las decisiones importantes y Julián, hijo del también fallecido Juan Antonio, poco participaba en la empresa familiar, ya que desde muy joven inició sus propios emprendimientos.

Los desencuentros entre Jairo y Raúl fueron permeando todos los negocios y áreas de la organización, creando una estructura humana enferma, desalineada y llena de conflictos.

El deterioro organizacional se vio acompañado de un sinnúmero de errores y malas decisiones de negocio, y de un manejo desordenado de los recursos que provocó un caos operacional y una severa crisis financiera.

Para entonces, el Grupo Tecnopró, que ya cotizaba en bolsa, había perdido cientos de millones de dólares. Sin embargo, la habilidad de Jairo para adquirir bienes inmuebles, de mil maneras diferentes, hacía que el grupo continuara con una gran reserva de capital.

Las huellas del pasado

Al cabo de un tiempo, a las dificultades familiares y financieras se sumó la pérdida de liderazgo de Jairo, quien como consecuencia del alcoholismo empezó a deteriorarse de forma física y mental hasta que enfermó seriamente.

Raúl propuso que iniciaran un proceso de transición de la segunda a la tercera generación, lo que fue visto por la familia como un aparente gesto de generosidad. Con ese fin, se dio paso a la creación de un comité conformado por cuatro integrantes de la tercera generación que representaban a cada una de las cuatro ramas familiares.

Como es natural, la llegada de la siguiente generación al mando implicó un cambio en el sistema de gobierno. Hasta ese momento, el grupo había operado bajo los tres principios con que fue fundado por los León Rodríguez: igualdad familiar, predominio de la gestión sobre la propiedad y liderazgo centrado en un único miembro de la familia.

Bajo ese esquema, todos los miembros de la familia que trabajaban en la empresa ocupaban cargos semejantes, y aquellos que no, tenían poca representatividad en las decisiones operativas, estratégicas y patrimoniales. Jairo, como el líder familiar, era quien garantizaba la coherencia de las decisiones tomadas y no permitía injerencias de otros familiares para evitar desórdenes en la empresa.

En este cambio de era, al involucrarse la tercera generación, los nuevos principios fueron: igualdad familiar por estirpe, predominio de la propiedad sobre la gestión en manos de no familiares y liderazgo institucionalizado alrededor del Comité de Primos.

El comité lo conformaron los cuatro hijos mayores de los hermanos León Rodríguez: Joaquín, hijo de Jairo; Margarita, hija de Raúl; Federico júnior y Julián, hijo de Juan Antonio. Entre sus funciones estaban: trabajar las diferencias de cada una de las cuatro ramas familiares en pro del fortalecimiento de la unidad, monitorear al equipo directivo y liderar el desarrollo emprendedor del Grupo Tecnopró.

Sin embargo, desde sus inicios era evidente que el Comité de Primos nunca tuvo el liderazgo que se necesitaba para direccionar un grupo industrial tan complejo. Ninguno de sus miembros tenía ni una visión de negocios profunda ni el menor sentido de Dueñez.

Nadie en esa generación fue formado para gobernar el destino de la empresa, poco o nada conocían sobre la verdadera situación del grupo en ese momento. Cada uno tenía por objetivo favorecer a su rama familiar, en lugar de encontrar el bien común de toda la organización. Se habían vuelto presos de la inercia y de allí su desmotivación.

Margarita era una mujer de carácter fuerte que se convirtió en la mayor generadora de conflictos, en especial por la actitud desleal que tuvo con sus primos. Ella trataba a toda costa de manipular las decisiones del comité con la intención de favorecer a Raúl, su padre, quien a través de ella buscaba que se hicieran las cosas de acuerdo con su criterio.

En medio de esta maraña de ambiciones personales, falta de liderazgo y de claridad organizacional, el grupo decidió contratar a Ignacio de la Pava como director general.

Ignacio era un directivo competente, de temperamento complejo y sofisticados gustos. Llegó a la organización exigiendo un salario muy elevado, departamento de lujo, carro y chofer, entre otras prebendas. Una verdadera contradicción, teniendo en cuenta que su principal labor era tratar de sacar al grupo de los números rojos. Todas sus peticiones fueron aceptadas porque ya no había tiempo para solicitar una nueva búsqueda al *head-hunter*, aunque la familia León siempre tuvo reservas sobre su perfil.

Momento de giro

Ante una crisis empresarial tan profunda, la organización estuvo a punto de entrar en suspensión de pagos. Sin embargo, la familia León quería continuar su operación como empresa familiar y por

eso tomó la decisión de contratar al Centro de Dueñez Empresaria (CEDEM) como firma experta en viraje estratégico.

En el momento de nuestra llegada la situación era sumamente compleja. Estaba enmarcada por la gran dimensión del grupo, dispersión geográfica, alto nivel de diversificación, interrumpido desarrollo tecnológico, elevado endeudamiento y una gran demanda de inversión requerida para salir adelante.

En cuanto a su esquema de gobierno, era claro que había dificultad para tomar decisiones, porque no se contaba con una visión compartida, ya que todos estaban acostumbrados a apagar incendios y no a visualizar el futuro. Tampoco había un órgano de gobierno que monitoreara los resultados.

Se requería de acciones de viraje inmediatas, que para ejecutarse demandaban de un financiamiento muy alto. Había opciones para salir de la crisis, pero era necesario orquestar grandes movimientos que ya habíamos identificado y que coincidían con la visión que en ese sentido también tenía Ignacio de la Pava.

Sabíamos dónde había posibilidades de creación de valor y también dónde era necesario abandonar productos y mercados para que el grupo lograra concentrarse en los negocios con viabilidad.

En nuestro primer encuentro con el Comité de Primos resaltamos la necesidad de rediseñar la fórmula de gobierno en forma interina, con el objetivo de que el grupo pudiera recuperar el rol de dueño y, desde ese ámbito, tomar las decisiones que demandaba el nuevo director para implementar un plan de mejora que llevara a la organización a romper la inercia en que se encontraba.

Debido a la complejidad del conflicto familiar, se diseñó una estrategia basada en la metodología de una prestigiosa firma española de Family Business, cuyo aporte era identificar y hacer consciente de manera certera a la familia León de las causas que originaron los desencuentros transgeneracionales y las posibilidades de restablecimiento de las relaciones familia-empresa.

Con este fin, se entrevistó a los hermanos León, a los miembros del comité y a los principales directivos para conocer la percepción que cada uno de ellos tenía sobre la situación del grupo en ese momento.

Con los resultados de este diagnóstico nuestra primera acción fue reunirlos para socializar el documento, teniendo en cuenta que la familia en su conjunto deseaba continuar trabajando unida a pesar de sus discrepancias.

Asimismo, se les comentó que venían momentos de decisiones fuertes: abandonos estratégicos, venta de activos, reestructuración del grupo, entre muchas otras medidas que son necesarias cuando se emprende un proceso de viraje.

Tanto a los hermanos León Rodríguez como al Comité de Primos les hicimos comprender lo que implicaba el ejercicio de la Dueñez, la necesidad de empoderar al comité para tomar decisiones cruciales y para gobernar al director general, quien no tenía quién le marcara la pauta ni respondiera a sus planteamientos.

Con ese fin, incorporamos como parte del proceso de consultoría a Gustavo Serna, quien ejerció como presidente externo del Comité de Primos con la tarea de ayudarlos en la toma de decisiones como dueños. Serna estaba formado en la Metodología de Viraje Estratégico del CEDEM, la cual implementó con mucho éxito en su gestión como presidente de una importante compañía mexicana.

El paso siguiente fue trabajar en reconstruir la armonía familiar. Inicialmente con el Comité de Primos y luego manteniendo informados a los familiares sobre sus decisiones y resultados. El objetivo era crear la certeza en la familia y en la organización de que se estaba en la ruta de recuperación.

Todas estas acciones se llevaban a cabo mientras se trabajaba intensamente en mantener la confianza de todos los *stakeholders*.

Definiendo las nuevas canchas

El diagnóstico de viraje nos permitió, por un lado, identificar los negocios, productos y mercados en donde podíamos mantener una posición competitiva sólida y, por el otro, de dónde era mejor retirarnos.

El análisis financiero nos permitió conocer los principales indicadores económicos, el nivel de endeudamiento y la calidad de los activos de cada una de las empresas, y con todo esto saber de qué podíamos echar mano para construir la recuperación.

Revisamos también el momento de la organización y la disponibilidad de los líderes para afrontar la etapa venidera y saber con quiénes contábamos.

El valor del grupo se generaba en la división marítima. Su fortaleza estaba en el tendido de ductos y líneas marinas a 150 metros de profundidad. Frente a esa línea de negocio, nuestra visión de futuro era que lograran hacer tendido de líneas en aguas más profundas.

En la división de construcción seguían siendo viables la compra y venta de terrenos, así como la comercialización de proyectos como edificios y centros comerciales.

La división industrial contaba con una empresa de gran valor estratégico, Estructura de Perforación, la cual consideramos que tenía un potencial importante.

Inevitables renuncias

Las decisiones más difíciles radicaban en el abandono de mercados, desinversión en negocios en los que habían estado por muchos años y en el despido de trabajadores, pues contaban con demasiado personal y muchos cargos innecesarios.

Era urgente salir de varios negocios. Entre ellos:

LA CONSTRUCCIÓN DE INFRAESTRUCTURA:

Hacer presas, carreteras y puentes ya no era un negocio lucrativo, ya que había perdido su valor por la fuerte competencia y los márgenes bajos.

OLEODUCTOS:
Ya no contaban con un buen equipo técnico ni humano para operar.

SECTOR INDUSTRIAL:
Con excepción de la división de fluidos, su amplia presencia en este sector era un reflejo inequívoco del desenfoque del grupo.

La estrategia de viraje que construimos con el gerente general fue aprobada por el Comité de Primos y procedimos a su ejecución sin perder tiempo. El grupo tenía que ser muy hábil para hacer los cambios, manteniendo la credibilidad ante los acreedores para evitar situaciones legales que pudieran entorpecer el proyecto.

La jugada maestra

Con la claridad de la estrategia de viraje y funcionando el nuevo sistema de gobierno, Raúl reunió al Comité de Primos y los convenció de continuar su implementación por su propia cuenta.

Asimismo, propuso contratar un nuevo director general, argumentando que De la Pava no era el líder adecuado para enfrentar la nueva etapa que iniciaría el Grupo Tecnopró.

Adicional a esta sugerencia y con el apoyo de su hija Margarita, se postuló como candidato a presidente del grupo, con el compromiso de gobernar con el acompañamiento del Comité de Primos.

De esta manera logra por fin realizar su sueño de ser el primero al mando, con un nuevo director general y un Comité de Primos con mayor sentido de Dueñez. Su planteamiento se centró en continuar operando como una empresa familiar en proceso de institucionalización.

Raúl León asumió la presidencia y dirección general del grupo, y continuó ejecutando la estrategia vigente. Meses después concretó la contratación del nuevo director general.

Desde entonces, este grupo familiar ha seguido recuperándose y buscando nuevos caminos de crecimiento.

CASO

REFLEXIONES

La pérdida del liderazgo de Dueñez expone a las empresas a sus mayores riesgos. Un sistema de gobierno debe construir caminos de sucesión para dar continuidad en el mando al máximo nivel.

La falta de armonía en los negocios familiares, por discrepancias y anhelos no atendidos, pueden destruir la sinergia y la gobernabilidad. Estos problemas pueden acabar con cualquier empresa, por más próspera que sea.

Sin disposición al diálogo, las empresas familiares no se dan cuenta de que en muchas ocasiones sus soluciones están en casa. Que tienen recursos de liderazgo ocultos que pueden ser muy útiles, como mejorar la comunicación entre los diferentes miembros de la familia.

El liderazgo unipersonal en el ejercicio de la Dueñez, natural e indiscutible en el fundador, no es sustentable en segundas y terceras generaciones, sin la aprobación y soporte cabal de los socios.

Un sistema de gobierno se construye para dotar a la empresa de gobernabilidad, entendida como la capacidad de tomar decisiones ágiles y acertadas para conducir a los negocios por sus mejores caminos de prosperidad y permanencia.

Las rupturas en las relaciones dentro de las familias empresarias generan ingobernabilidad y propician pérdida de valor.

La ruta de recuperación del Grupo Tecnopró tuvo como base tres pilares fundamentales: un rediseño del sistema de gobierno para dotarlo de Dueñez, un reenfoque estratégico que se concentrara en los negocios con posibilidades de creación de valor y un consenso de la familia para privilegiar la recuperación sobre cualquier otro objetivo.

Con la estrategia de viraje realizada logramos rescatar el mayor número de negocios y abandonar los que menos potencial mostraban. En esta nueva era todo se hizo con la convicción de que la organización tenía aún mucho espacio donde jugar y volver a generar valor.

Cuando estás cerca de un iceberg no hay que analizar riesgos, **hay que actuar.**

2

¿SE ESTÁ HUNDIENDO NUESTRO BARCO?

La primera responsabilidad del capitán es la seguridad del barco y la de sus pasajeros. Ante un riesgo de naufragio no puede abandonar la nave, ni ocultar la situación, tiene que estar ahí y encargarse de ella.

Igual ocurre en nuestras empresas. Si estamos en crisis el giro tendrá que ser de 180 grados; si la compañía sigue andando, pero estamos perdiendo el foco, tendremos que dar un golpe de timón importante para reconfigurar el mapa de ruta.

Reconocer que necesitamos hacer un viraje en nuestra organización no resulta fácil para ningún dueño de empresa, siempre tendremos la esperanza de que la situación va a mejorar sin necesidad de hacer transformaciones radicales.

De los factores que facilitan o dificultan el cambio, la postura de sus líderes podría ser el más relevante. Cuando hemos trabajado en transformar compañías estancadas, hemos podido comparar qué tan rápido avanza cada una de ellas y cuáles son los elementos que más sobresalen.

Uno de los que más suma es la situación financiera. Es obvio que la condición de liquidez y solvencia del negocio es una diferencia básica entre distintas empresas. Las que están más estancadas y que luchan por sobrevivir son las que en general se mueven más ágilmente. Sus dueños están asustados. Sus empleados temen perder su trabajo. Fácilmente aceptan la disyuntiva entre cambiar o morir.

Las compañías que apenas empiezan a mostrar signos de deterioro en sus resultados son más reacias a cambiar. Todavía no les llega el agua al cuello, entonces sus dueños se sienten tranquilos y creen que serán capaces de cambiar por sí mismos el curso de su historia.

Entre esos dos extremos hay una gran diversidad de situaciones que influyen en la conducta de los líderes, quienes a pesar de observar que su condición se está volviendo peligrosa, pueden o no estar dispuestos a emprender cambios profundos en su manera de hacer negocio y de organizarse.

Estas situaciones son:

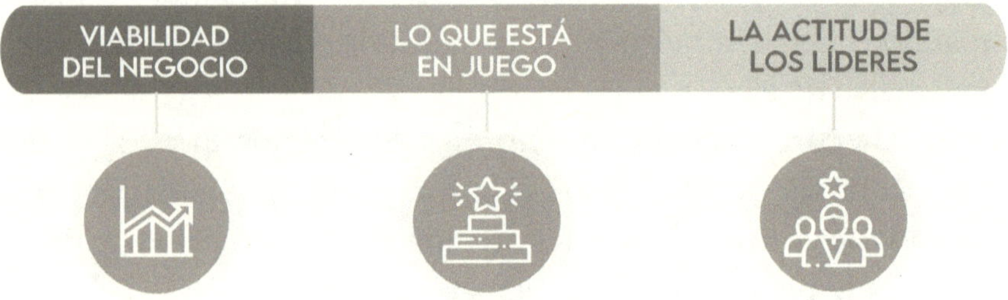

Figura 3

Fuente: Elaboración propia, 2022.

VIABILIDAD DEL NEGOCIO:

Si en el fondo la empresa tiene sólo fórmulas de negocio que han perdido vigencia y que no tienen futuro, las cosas son más complicadas. Cuando contamos con uno o más negocios que conservan su capacidad de crear valor, el problema es cómo quitar los obstáculos que han impedido explotarlos. Cuando se trata de negocios que no han dado resultados, ni los darán después, las decisiones tendrán que ser más drásticas.

LO QUE ESTÁ EN JUEGO:

Hay empresas que forman parte de un grupo mayor y que tienen el respaldo para mantenerse a flote, aun perdiendo dinero por mucho tiempo. Hay otras que, aunque no pertenezcan a un grupo, sus propietarios cuentan con recursos para soportar flujos negativos por sus propios motivos. Mientras que en la gran mayoría de las compañías pequeñas y medianas sus dueños no pueden sostener una empresa perdedora por mucho tiempo. La falta de éste se convierte en una presión fuerte para tomar decisiones, aunque sean dolorosas.

LA ACTITUD DE LOS LÍDERES:

La postura de los empresarios sobre el reconocimiento de enfermedades graves en sus organizaciones es uno de los factores que más influyen en la velocidad de cambio cuando la situación lo amerita. Hay empresarios que se aferran a sus paradigmas, se oponen a escuchar la crítica y las sugerencias y bloquean las posibilidades de cambio oportuno.

Entre las organizaciones con las que hemos trabajado para rescatar su salud financiera podemos citar, a manera de ejemplo, la compleja situación que vivieron dos compañías a las que les resultó desafiante reconocer el inminente peligro de quiebra en que se encontraban.

Una de éstas era un grupo familiar que manejaba varios negocios distintos; la otra, una empresa creada por coinversión entre empresarios nacionales y extranjeros. En ambas había un líder protagónico con el poder de controlar todas las decisiones y también de bloquearlas en caso de no estar de acuerdo.

No fueron casos empresariales sencillos, ninguno de los dos. Había que modificar muchas cosas: cambiar altos directivos, eliminar productos y mercados, reducir gastos, reestructurar pasivos, cambiar prácticas y costumbres, entre otras. En ambas había caminos viables de salida. Y esos caminos tenían que recorrerse rápidamente y las acciones tenían que ejecutarse con diligencia y determinación para que lograran salir de su situación crítica.

La mayor similitud entre estos dos casos fue el miedo de sus dueños. El temor a fracasar era lo que más los frenaba. El agobio era tan grande que estaban paralizados. No tenían muchas opciones. Era prioritario aceptar que ellos no habían podido sacar adelante sus empresas. Necesitaban ser humildes y reconocer sus limitaciones. Finalmente entendieron su situación y aceptaron las medidas que debían tomar para sacar adelante el viraje.

Por este temor mezclado con soberbia es que las compañías llegan a la quiebra. Es la mentalidad de sus líderes la que les impide abrirse a otras alternativas y aceptar ayuda. Si no se produce un cambio, las empresas en dificultades terminan en la insolvencia y en la muerte.

¿QUIÉN IDENTIFICA EL PROBLEMA?

Cualquiera pensaría que el líder de la organización es quien reconoce que su empresa está enfrentando dificultades de diferente orden, pero no siempre es así. Muchas veces son agentes internos o externos quienes advierten que estamos experimentando tiempos de crisis o estancamiento.

Agentes internos

Los socios pasivos, aquellos que no trabajan en la organización y sólo participan en las asambleas de accionistas o en reuniones especiales, pueden advertir que algo está mal o que la empresa está en riesgo.

Los gerentes, empleados clave o la junta directiva o consejo de administración son quienes con mayor frecuencia perciben que hay problemas de fondo que están afectando los resultados.

La familia, nuestro cónyuge, nuestros hijos o hermanos pueden advertirnos que la problemática amerita ser revisada con mayor profundidad.

Agentes externos

En otras ocasiones, quienes detectan que algo va mal son nuestros propios clientes, proveedores, consultores, competidores. Incluso también pueden ser nuestros banqueros quienes insinúen que debemos hacer algo para retomar el rumbo.

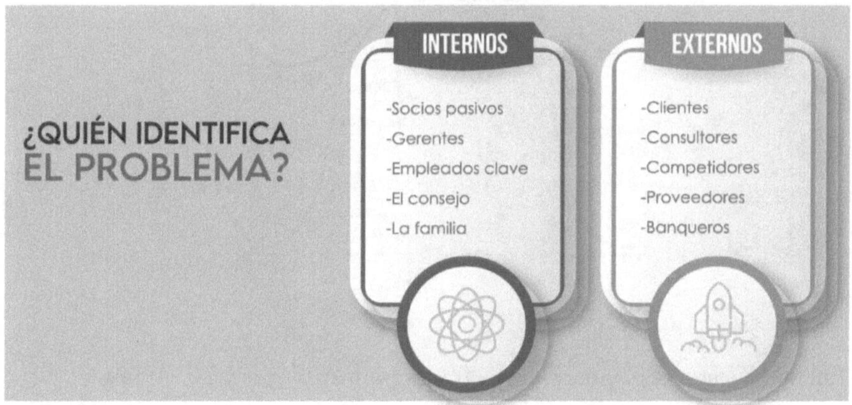

Figura 4

Fuente: Elaboración propia, 2022.

CICLO DE VIDA DE LA EMPRESA Y LA NECESIDAD DE VIRAR

Reconocer que necesitamos llevar a cabo un proceso de viraje está directamente relacionado con los estados emocionales que experimentamos los dueños de negocio durante el ciclo de vida de nuestras organizaciones.

Como se observa en la figura 5, muchos investigadores han evidenciado cómo a medida que las empresas crecen, sus dueños van perdiendo el entusiasmo que los caracterizaba en sus inicios, causando estancamiento y pérdida de la capacidad de generar valor. Es en ese tipo de situaciones cuando la asistencia profesional de viraje puede contribuir a recuperar el ánimo para volver a tomar tracción.

Ciclo de vida de empresas con asistencia profesional en viraje

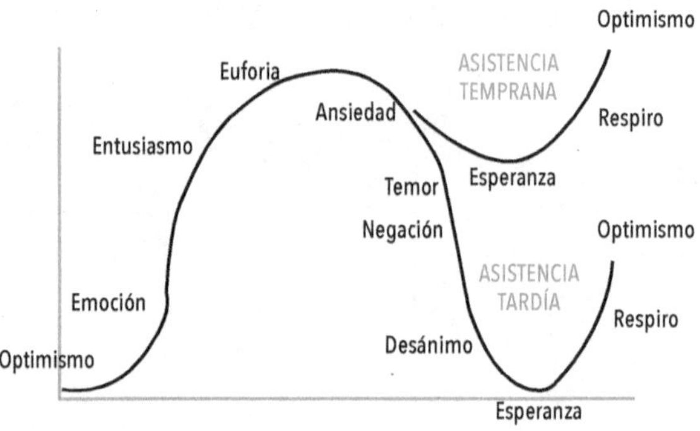

Figura 5

Fuente: Westocore Funs/Denver Investment Advisers LLC (1998).

Por lo general, cuando iniciamos nuestros negocios hay una gran emoción, experimentamos optimismo, empezamos a crecer y a generar valor en abundancia. Si el crecimiento se prolonga por años, la euforia es muy grande, alcanzamos la cima, conquistamos posiciones de liderazgo y nuestra empresa llega a valer mucho dinero.

A veces esa euforia nos impide percatarnos de que ni siquiera estamos seguros de saber en qué momento de la curva nos encontramos. Seguimos disfrutando la gloria de éxitos pasados, y en realidad hoy no estamos haciendo lo que hace falta para mantenernos creando valor en esas proporciones en los años siguientes.

También es muy posible que empecemos a relajarnos cuando llegamos al clímax de nuestro éxito con extraordinarios resultados, sin percatarnos de que podemos estar al borde del abismo. Quizá no seamos conscientes de que las circunstancias a nuestro alrededor han cambiado y que nosotros solamente estamos disfrutando de la inercia de una gran fórmula de negocio y de un mercado muy fecundo que a lo mejor está a punto de transformarse o que está a la espera de que nuevos participantes lleguen a colonizarlo.

Cuando empezamos a ver que los resultados ya no se dan, que ya no crecemos al mismo ritmo, podemos experimentar ansiedad; si en ese momento no llega el reconocimiento de la necesidad del viraje, muy seguramente entraremos en serios problemas de liquidez. Sentimos miedo y aun en esta situación pensamos que se trata de algo coyuntural y no estructural, y erróneamente se lo atribuimos a lo que está ocurriendo a nuestro alrededor.

Si pasa más tiempo y vemos que los resultados se siguen desplomando, podríamos caer en situaciones de un profundo desánimo y empezar a pensar que no hay salida. Si en ese momento nos asisten nuestros consejeros o un consultor externo e iniciamos cambios radicales, seguro que empezaremos a ver las cosas con mucha más claridad y sentiremos la esperanza de que sí podemos encontrar una salida a la crisis.

Cuando los resultados cambian y vemos que las cosas mejoran, sentimos un respiro y, si agarramos vuelo, volvemos al principio de la curva y al optimismo. Ese momento puede servirnos para reencontrar el camino de creación de riqueza, para idear una nueva fórmula de negocio o para contemplar una dimensión de empresa donde el crecimiento de valor se seguirá dando.

COMPROMISO DE LOS DUEÑOS CON EL PROCESO DE VIRAJE

Partimos de la base de que aun existiendo problemas serios, todavía hay salidas viables. La condición probablemente más importante para aplicar una estrategia de viraje es que la empresa cuente con un liderazgo lo suficientemente definido y firme para concebirla e implementarla. Dicho de otra manera, si el ejercicio del rol de dueño no es contundente y determinante, centrado en salir adelante, no habrá ningún tipo de estrategia que sirva para remediar sus males.

Ante un empresario cansado que considera ya agotado su esfuerzo, o ante la falta de Dueñez por aburguesamiento, por divergencias entre socios, o por conflictos familiares, la prioridad no será resolver qué hay que hacer y cómo, sino definir quién lo va a llevar a cabo.

Condiciones de Dueñez

El proceso de viraje requiere de ciertas condiciones personales en quien ejerce el rol de dueño. A continuación describimos las que consideramos de mayor importancia:

CAPACIDAD DE DECISIÓN:

Aquí nos referimos no tanto a las habilidades intelectuales de análisis de situaciones y toma de decisiones, sino más bien a la voluntad de elegir un camino de acción y comprometerse con él. Si bien es cierto que esta capacidad está siempre presente en el rol de dueño, es en circunstancias de dificultad cuando se pone en juego de manera definitiva.

La capacidad de decisión requiere del líder un elevado compromiso y una aceptación a correr riesgos. Requiere también la disposición de asumir la responsabilidad de sus decisiones y, por último, adelantarse al futuro, aprovechando oportunidades y emprendiendo acciones que concurran a sus objetivos.

DISPOSICIÓN AL CAMBIO:

En momentos de grandes problemas, el líder tiene que responder con flexibilidad y actitud dispuesta a cambiar cualquier variable del negocio de acuerdo con las circunstancias, lo que implica saber distinguir y mantener la esencia de la empresa. Esta disposición exige cuestionarnos con apertura y no casarnos con nuestros esquemas, por más éxito que hayan tenido en el pasado.

A veces los empresarios nos enamoramos de ciertas partes de nuestro negocio, como algunos productos o clientes o alianzas u otras cuestiones. Allí es donde tenemos que romper paradigmas y estar dispuestos a revisar TODO.

CONSISTENCIA EN SU AVANCE:

En algunas ocasiones la respuesta a situaciones críticas se dispersa en una desordenada secuencia de "tiros de escopeta" que no llevan a ningún lado.

La respuesta en la estrategia de viraje ha de tener un rumbo claro, planeado y con objetivos bien definidos que se persigan con constancia.

En estos momentos, quien dirige la empresa debe evitar caer en un oportunismo variante que desgaste los escasos recursos de la organización, o que confunda a los colaboradores, y debe, al contrario, buscar la concentración de todos en los caminos elegidos y en el proyecto de futuro.

AMBICIÓN CON DESPRENDIMIENTO:

Ser el líder de un viraje estratégico exige del empresario un gran esfuerzo, con fuertes ambiciones de logro, pero con gran disposición a disfrutar de él mucho después de que se consiga. La entrega y espíritu de sacrificio que todo plan de viraje exige sólo se logra si el líder es capaz de poner el ejemplo en el comportamiento organizacional y es capaz de generar la energía para los cambios con una conducta austera y congruente con la realidad que está viviendo la empresa.

CASO HIGH SCHOOL GUAYAQUIL

El caso que narramos a continuación refleja la gran dificultad que implica realizar un viraje cuando el dueño no está comprometido con el proceso ni está dispuesto a arriesgar, lo que lo lleva a reaccionar con ingenuidad a los ataques de sus adversarios.

EL PASTOR EN SU LABERINTO

Durante años hemos batallado con situaciones empresariales difíciles, pero quizá pocas como ésta en la que nuestra misión era descubrir lo que sucedía al interior de una organización educativa muy peculiar.

Todo comenzó con la llamada de un banco de Pensilvania, Estados Unidos. Los banqueros buscaban una firma de consultoría certificada por la Turnaround Management Association (TMA), con experiencia en rescatar empresas en dificultades.

El banco le había hecho un préstamo por cinco millones de dólares al Guayaquil High School —colegio ubicado en la zona portuaria de esa ciudad de Ecuador— con el fin de hacerle una ampliación a su infraestructura. Después de unos años el colegio no había cumplido con ninguno de los pagos acordados.

Después de hablar con nosotros y de escuchar sobre nuestra experiencia, los funcionarios del banco decidieron que hiciéramos un diagnóstico integral para descubrir si había algún problema en la gestión de la institución y para desarrollar un plan que asegurara el cumplimiento del pago del préstamo.

Decidimos ir al colegio y hablar directamente con los involucrados. Al llegar ahí nos atendió el director general. Era un buen hombre, con estudios de Pedagogía y con trato amable, y en una breve reunión nos presentó a la contadora, una mujer vivaz, aunque un tanto misteriosa. Advertimos en ambos una evidente devoción por la misma religión.

Como se trataba de un encuentro inicial, mantuvimos una charla sin mayor trascendencia: nuestro objetivo principal era obtener información, pero sólo podríamos lograrlo si nos ganábamos su confianza. Para romper el hielo les propusimos emprender un recorrido a pie por la institución.

El colegio tenía excelentes instalaciones: contaba con una piscina semiolímpica y con instrumentos pedagógicos de gran avance tecnológico que no podían pasar desapercibidos. Además, en el aspecto educativo, se impartía la enseñanza de una manera completamente bilingüe. Era un colegio con un nivel de educación e infraestructura fuera de lo común.

Próximos al final del recorrido llegamos a una pequeña oficina bajo unas escaleras que conducían al segundo piso. Había un escritorio con su silla, otro asiento para atender visitantes y, en general, un mobiliario que parecía demasiado elegante para estar en un ambiente así.

Dentro de la oficina encontramos a un hombre joven con un indudable don de la palabra, a quien nos presentaron como el pastor. Este personaje rondaba los 40 años, era casado y tenía hijos pequeños, por las fotos que se alcanzaban a apreciar encima del escritorio.

Él nos contó que el colegio funcionaba gracias a las donaciones de los habitantes de la ciudad y también gracias al apoyo económico de un grupo de estadounidenses liderados por Peter Miller, un ejecutivo retirado originario de los Estados Unidos que vivía en la zona y rondaba los 60 años. Escuchar el apellido Miller no nos sorprendió, pues el banco nos comentó que a nombre de él se había otorgado el crédito.

—¿Podríamos conocer al señor Miller? —le preguntamos al pastor.

—Por supuesto. Es un buen hombre y forma parte de mis feligreses. Lo llamaré para que los reciba mañana mismo —nos respondió.

Decidimos que era mejor irnos antes de que salieran los alumnos, por lo que nos despedimos de todos. El pastor nos acompañó hasta la salida. Se trataba de alguien que se mostraba muy agradable. Cada gesto, cada palabra nos hacía sentir bienvenidos a todos, como quien habla con un viejo conocido. Sin embargo, había algo extraño en él que no nos permitía sentirnos en entera confianza.

Misterios por resolver

Al día siguiente nos encontramos con Peter Miller. Como lo había descrito el pastor, era una persona muy afable, aunque tal vez demasiado confiado. Este hombre había definido años atrás que el grupo de retirados estadounidenses en Guayaquil debía hacer algo valioso por esa comunidad. Pronto decidieron que un colegio bien dotado y con alta calidad educativa podría permitirles a las familias de clase media de la región brindarles a sus hijos una educación de primer nivel para ayudarlos a encontrar mejores oportunidades de vida.

Miller había conseguido el dinero para su colegio soñado a través de una sociedad de estadounidenses retirados de Oregón. Luego supimos que la madre de un líder narcotraficante de la ciudad había donado los terrenos donde el colegio estaba construido. La madre formaba parte de los feligreses del pastor.

Dadas las cosas, Miller había pensado en una sociedad por partes iguales, pero en algún momento se había dejado convencer de que, como la esposa del pastor también trabajaba en el colegio, a ella también le correspondía una parte en la sociedad. Por lo que Miller quedó como dueño de 35% de la empresa y el pastor y su esposa del 65% restante.

Cada visita posterior al colegio nos sorprendía más que la anterior. Se trataba de una escuela mixta, con una educación extraordinaria y con grados desde preprimaria hasta bachillerato. Todas las materias se enseñaban simultáneamente de forma bilingüe y contaba con los mejores maestros en inglés y en español.

Tenía cerca de 800 alumnos, gozaba de un gran prestigio en la ciudad y había desarrollado evidentemente una fórmula de negocio muy productiva; pero algo extraño estaba sucediendo. A pesar de que en los estados financieros todo parecía ir bien, el colegio estaba atrasado en el pago de sus compromisos, dejaba de pagarles a tiempo a sus maestros y empleados, y tenía serios problemas de liquidez. Sus directivos hablaban todo el tiempo de mayores necesidades de financiamiento.

Acaso el primer indicio que nos permitió vislumbrar la dimensión de lo que estaba ocurriendo sucedió una mañana que habíamos ido a visitar al director general del colegio. Al llegar nos encontramos con la contadora, quien, algo nerviosa, nos comentó que no se podría reunir con nosotros esa tarde como lo habíamos programado, porque su jefe iba a inaugurar un restaurante y ella iba a ayudarlo en la coordinación del evento de lanzamiento.

¿Qué hacer con esa información? ¿Sería un comentario sin mayor importancia? ¿O acaso el pastor abusaba de su condición de jefe para obligar a sus trabajadores, que además eran en su mayoría sus feligreses, a apoyarlo en sus negocios particulares? ¿Estaba sacando dinero del colegio para negocios propios? ¿La contadora podría estar involucrada?

Luego de habernos dado estas pistas, la contadora, tal vez intuyendo que esa revelación la podría poner a ella y a su jefe en entredicho, empezó a negarnos de diferentes formas el acceso a la información del colegio. Se volvió imposible establecer un control de la tesorería, hacer una auditoría parecía inviable. Nuestros recientes hallazgos sobre la poca fiabilidad de los libros contables nos impedían obtener información confiable.

El camino parecía cerrarse, pero un día el director general soltó la lengua. Nos contó, luego de muchos cafés y galletas, que antes de él había estado otro director, también aparentemente muy amigo del pastor.

Ese primer director renunció y había decidido irse de la ciudad. ¿Por qué renunció esta persona a tan importante cargo?, ¿tendría algo que decirnos del pastor? Después de algunos intentos pudimos localizarlo. Por fortuna iba a visitar la ciudad en los siguientes días, por lo que logramos hablar con él.

Posición comprometedora

El antiguo director se mostró dispuesto a colaborar con nosotros, y en efecto nos confirmó lo preocupante de la situación. El "intachable" líder religioso había tejido una intrincada red de trampas en la que dejó al personal del colegio involucrado en el desfalco del dinero, valiéndose de todo tipo de artimañas para no quedar como cabeza visible.

Nos mostró documentos que evidenciaban cómo, con recursos del colegio, el pastor había adquirido una impresora y una imprenta con la idea de montar un periódico. También había establecido una papelería de la que en exclusiva tenían que abastecerse profesores, administradores y alumnos.

Este inesperado informante hablaba del pastor con un respeto que rozaba en el temor, pues bien sabía que una buena parte de su feligresía estaba compuesta por delincuentes que manipulaba a su antojo con la esperanza del perdón divino.

En sus palabras se percibía el dolor que le generaba recordar los manejos de aquel hombre, sobre todo porque su religión no le permitía irse en contra de él. También nos comentó que intuía que en una situación similar estaban tanto el director actual como la contadora y otros colaboradores.

Nos informó que al irse dando cuenta todos de las andadas del pastor, el clima laboral se había hecho cada vez más tenso, pero nadie se atrevía a hacer nada al respecto. Esta persona se sintió atrapada al observar cómo se volvía cada vez más grande la crisis de liquidez y la descapitalización. Hasta que un día no aguantó más y decidió irse de la ciudad con su familia y dejar ese enredo atrás.

Tras estas revelaciones, era evidente que el mal manejo del dinero del colegio hacía casi imposible recuperar los fondos del banco. El pastor, con sus ardides, había logrado construir una fortaleza de la que debíamos intentar sacarlo para evitar que le hiciera más daño a Miller, a sus socios estadounidenses, al banco, al mismo colegio y a la comunidad.

Jaque al pastor

El primer paso para enfrentar esa fortaleza que protegía al misterioso personaje era evitar que él sospechara más de nosotros, por lo que seguimos con nuestras relaciones diplomáticas intactas.

Luego de muchas reuniones internas, tratando de encontrar el mejor camino de salida del laberinto, citamos a una reunión a la que asistieron Miller, sus socios y personal del banco. Cuando les presentamos la historia completa no lo podían creer. Dado que Miller tenía un porcentaje menor de acciones que el del pastor y su esposa, les sugerimos hacer una toma legal hostil de la empresa.

Advertimos que la toma de control tenía que ser cuidadosamente planificada y ejecutada de inmediato. Ya algunos maestros empezaban a renunciar por falta de pago. Casi la mitad de los alumnos se habían retirado de la institución, al despertarse la desconfianza de los padres de familia. En ese momento parecía ya imposible continuar sin la inyección de recursos frescos. El colegio estaba prácticamente quebrado y controlado por el pastor.

El plan entonces fue seguir hablando con personas que nos compartieran las artimañas del pastor y lograr así recopilar más testimonios para nuestra causa. Lógicamente, mientras efectuáramos esta estrategia legal, no podíamos interrumpir las clases. Era imperativo mantener una buena imagen ante la opinión pública y los padres de familia, y también era necesario mantener al personal docente motivado.

Como conclusión medular del diagnóstico, establecimos que la viabilidad de la empresa y su capacidad de multiplicar valor estaba condicionada a que el pastor dejara el liderazgo de la organización.

Después de revisar el caso en una reunión interna del equipo de consultoría, a la que invitamos a nuestros abogados aliados, le sugerimos a Miller que la estrategia legal a seguir sería hacer valer los recursos aportados por los estadounidenses para incrementar su aportación al capital. Con este movimiento, mediante la acción legal de un juez, buscábamos declarar que la empresa estaba bajo las riendas de Miller, en representación de los nuevos accionistas mayoritarios.

De esta manera, acompañamos a Miller a Quito y le recomendamos a un abogado que le cotizó sus servicios y estimó que se debían aportar 50 000 dólares para gastos. La toma hostil que planificamos debería ser custodiada por el comandante de la policía de Guayaquil y por lo menos una docena de uniformados.

Miller se escandalizó con la cifra y le pareció desmedido involucrar a fuerzas policiales de Ecuador en el embrollo. Nosotros tratamos de explicarle que estaban en juego los cinco millones de dólares que se le debían en ese momento al banco y que, de no llevar a cabo esta acción, estaba en juego la propiedad misma del colegio.

Miller propuso una segunda opción, más moderada. Otro abogado, con honorarios mucho más bajos, dirigiría la toma hostil de las instalaciones con 10 guardias de seguridad privada. Mediante un acta de asamblea extraordinaria, documentaría los malos manejos del pastor, declarando al colegio en posesión de los demás socios.

Nada fue color de rosa

A pesar de aconsejar a Miller con insistencia que no siguiera esta estrategia, y de mostrarle la primera opción como la más segura, el estadounidense decidió irse por la segunda, la más económica.

En ese momento, y dadas las decisiones tomadas por Miller, nos pusimos en contacto con el banco y dimos por concluidos nuestros servicios. La labor de diagnóstico había terminado. Habíamos planteado una estrategia de viraje que no fue aceptada, por lo que no teníamos ya nada que hacer en su implementación.

Las cosas no pararon ahí. Poco después nos enteramos de que Miller continuó con su plan y un buen día llegaron a las 6:00 de la mañana y tomaron el colegio con 10 guardias y un secretario de un juzgado de Guayaquil. Todo parecía indicar que el pastor sería sacado del colegio. Pero sólo media hora después, a las 6:30 de la mañana, se brincaron la barda más de 40 hombres armados con palos, cuchillos y pistolas, obligando a los primeros a abandonar el colegio con todo y secretario de juzgado. El plan había fracasado estrepitosamente y una vez más el pastor se había salido con la suya.

Debido a las actas firmadas por Miller durante su estrategia fallida, el pastor logró llevar presos a Peter Miller y a sus guardias de seguridad. Sorprendentemente, fuimos llamados ese mismo día, y gracias a que siempre mantuvimos buenas relaciones diplomáticas con el pastor, logramos interceder para que retirara la querella y sacarlos de la cárcel inmediatamente.

A pesar de rescatarlos de prisión, el daño ya estaba hecho. Se perdió el préstamo y el colegio. El resultado fue que los estadounidenses perdieron su 35% a cambio de finiquitar la querella. Y una vez más el pastor le salió adelante a su socio preparando una defensa muy sólida para no responder legalmente por sus malos manejos. Miller y sus socios terminaron asumiendo el pago de los cinco millones de dólares.

CASO

REFLEXIONES

A pesar de descubrir el misterio que ocultaba el pastor y planificar una estrategia consecuente, no pudimos convencer a Peter Miller de la necesidad de actuar con mucha mayor fuerza, conociendo las formas y recursos de que podía echar mano la contraparte. Se trataba de una toma hostil que requería de mucha determinación.

Miller nunca supo con quién se asoció. Su cercanía con el pastor lo hizo actuar de manera ingenua y construir una estrategia (sin el apoyo de la fuerza pública necesaria) que a todas luces resultaría fallida, tal como sucedió. Además, esta maniobra fallida se le revirtió por las acciones que emprendió el pastor para despojarlo del patrimonio de los socios.

El colegio era un excelente negocio, con un propósito social extraordinario. Sin embargo, era una empresa marcada por la deshonestidad del socio operador, con unos socios minoritarios demasiado confiados.

El modelo de negocio del colegio tenía grandes posibilidades de multiplicación de valor, tanto en Guayaquil, creciendo en número de alumnos, como replicando el modelo en otras ciudades. Pero ése no era la querencia del pastor, quien sólo lo veía como un medio de visibilidad personal y para financiar sus otros negocios.

Lo barato sale caro. Una solución insuficiente, como la que se ejecutó en este caso, costó decenas de veces el monto de gastos y honorarios que planteaba el primer abogado, exageradamente superior al valor de la compañía.

En los acuerdos de propiedad solemos ser ingenuos y tomar decisiones con base en nuestras emociones, a veces no sustentadas en aportaciones valederas. Éste fue el caso de la esposa del pastor que, con el pretexto de estar trabajando ahí, se le otorgó una participación accionaria injustificada. Este acto dejó todo el poder en manos de un hombre mal intencionado, sin haber acordado siquiera mecanismos de vigilancia y control para prevenir y advertir oportunamente malos manejos.

Toda estrategia de viraje demanda que los involucrados de peso reconozcan la necesidad de llevarlo a cabo. En este caso los banqueros fueron los que primero cayeron en cuenta de la urgencia de actuar. En el proceso, los donadores de Oregón también reconocieron la pertinencia de rescatar la empresa, pero el pastor no tenía ningún motivo para cambiar el curso de las cosas.

La renovación del liderazgo
en la cabina de mando
es **indispensable para
reencontrar el rumbo.**

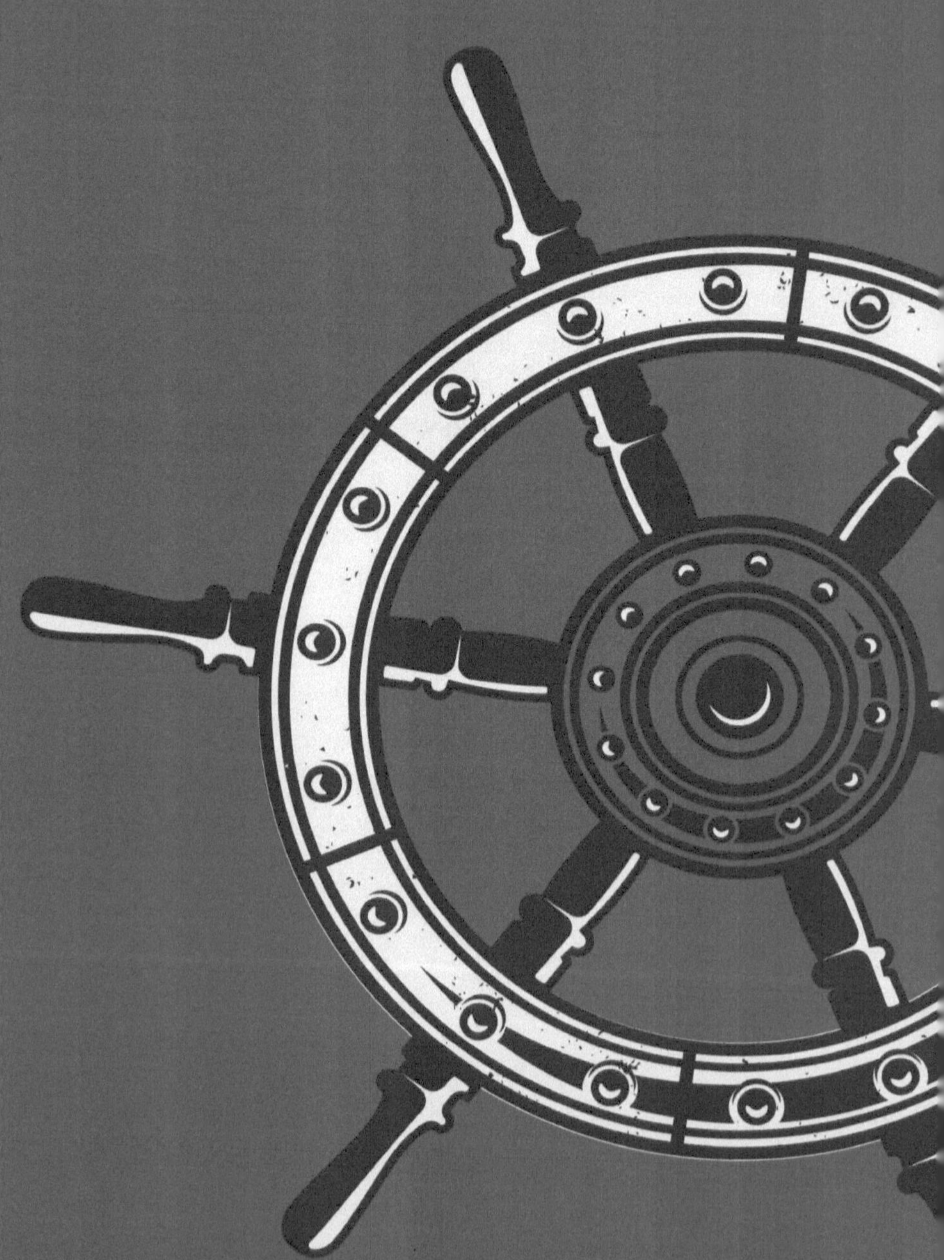

3

LOS NUEVOS CAPITANES

Un equipo de líderes entrenados debe ser el que ocupe la cabina de mando y conduzca a una ruta diferente.

Estos nuevos liderazgos son parte fundamental del éxito del viraje. La adecuada selección del líder y del equipo que lo acompañará durante el proceso es uno de los aspectos a los que debemos prestarles la mayor atención. Es el líder quien debe conducir al grupo a trabajar con entusiasmo y a comprometerse con el logro de las nuevas metas y objetivos propuestos para sacar a la empresa de su situación de crisis.

Por lo general, se recomienda que los nuevos liderazgos sean diferentes a los de la etapa anterior al viraje. Para nosotros los empresarios es difícil reconocer que necesitamos hacer cambios drásticos para salvar nuestra compañía. Nos es aún más complicado percatarnos de que posiblemente seamos nosotros mismos parte del problema, que tengamos que ejercer el liderazgo de otra manera, o que debamos compartir el poder para cambiar de rumbo.

En ese sentido el viraje personal es un gran detonador de la capacidad de cambio de la organización. Si nosotros como líderes reconocemos la necesidad de cambiar y le manifestamos a nuestro equipo de trabajo la intención de hacerlo, ellos comprenderán y más fácilmente se comprometerán con el nuevo proyecto de futuro.

¿Por qué muchos empresarios en Hispanoamérica, con la crisis global que estamos viviendo, aún no hemos realizado el viraje que tanto requerimos? ¿Será porque no tenemos alternativas? ¿Será porque no encontramos caminos, posibilidades o recursos? ¿Será porque queremos continuar creciendo por vías ya agotadas, y no aceptamos que nos toca reinventar el negocio?

Simplemente no cambiamos porque no hemos hecho ningún viraje mental; no hemos reprogramado el chip. Muchos ya claudicaron, o siguen ahí, estancados, únicamente pedaleando, luchando sin rumbo, desperdiciando sus posibilidades.

No podemos engañarnos a nosotros mismos. Así como reseteamos nuestra computadora cuando se atasca, hace falta rediseñar un nuevo mensaje en nosotros mismos y para nuestros colaboradores que sea realista y plantee con claridad y fuerza nuestras prioridades de cambio.

¿QUIÉN DEBE MANEJAR EL VIRAJE?

Luego de haber reconocido la necesidad del viraje, la primera pregunta que debemos hacernos es quién debe manejar el proceso, porque no todos estamos en la capacidad de hacerlo adecuadamente.

El líder de viraje debe contar con determinación férrea, visión de negocio y una gran agilidad estratégica. A este personaje le toca cuestionarlo todo, sin compromisos con el pasado. Porque sólo así puede llevar a cabo un diagnóstico integral que parta de las realidades actuales de la empresa. Las fórmulas de éxito del pasado deben ser para él sólo parte de la historia a estudiar.

Quien sea cabez
también gran habili
na orientación a la a
actuar rápido.

Perfil del

Este líder necesita
tos rasgos perso
objetividad y pr
fortaleza y templan
toria capacidad de
y decidir, gran co
sí mismo y una fue
ción con absoluto
dimiento.

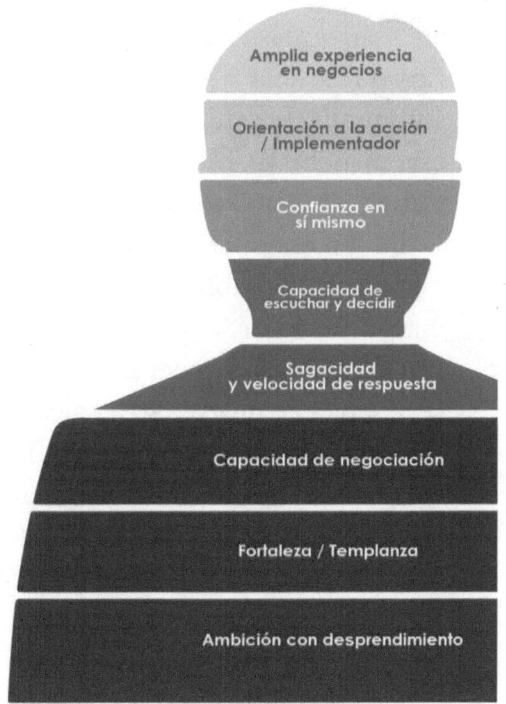

¿Tenemos nosotros este perfil?

Debemos responder esta pregunta con toda honestidad, quizá lo más conveniente sea que no lo hagamos solos, que les preguntemos a las personas indicadas cuál es su opinión al respecto. Socios, consejeros y colaboradores clave pueden emitir un juicio más objetivo.

Si no contamos con ese perfil, ¿quiénes pueden entonces conducir el viraje?

Hay varias opciones:

El líder actual de Dueñez continúa al frente, con apoyo externo. Hay muchos expertos en viraje que apuntalan estos procesos, como lo hemos hecho en el CEDEM muchas veces, con empresarios que han aceptado reforzar su liderazgo con nuestro apoyo.

Otra posibilidad es contratar a un interventor que se empodere completamente para liderar el proceso de viraje. Ésta es una alternativa más delicada porque implica nombrar a un director interino que asuma la gestión de la empresa desde la cima y con mayor autonomía. Hay firmas de consultoría que se dedican a trabajar de esta manera. Cuentan con ejecutivos expertos en viraje que intervienen temporalmente como CEO mientras dura el rescate.

La tercera opción es trabajar con el apoyo de terceros que tomen la responsabilidad de conducir el viraje bajo el mando del mismo líder existente. Se crea así un cargo que hace mancuerna con el CEO y el resto del equipo directivo. Este puesto generalmente desaparece una vez se ha alcanzado el objetivo. A esta posición los estadounidenses la llaman Chief Reestructuring Officer (CRO), que lo podemos traducir como el jefe de la oficina de viraje o simplemente líder o gerente de viraje.

Cuando se opta por este último camino contratamos a la persona por un tiempo determinado, generalmente de seis meses a un año. Es poco usual que el gerente de viraje sea vinculado por más de dos años. Lo normal es que la gran reestructura se lleve a cabo en unos cuantos meses, y luego en un poco más de tiempo se reconstruya el nuevo camino de creación de valor.

Debemos asegurarnos de que los nuevos liderazgos se ajusten bien a la organización y garanticen una óptima gobernabilidad, es decir, que puedan lograr que la gente les responda y respete, que él o ella tomen las decisiones que se requieran, por más dolorosas que sean, y se ejecuten con diligencia.

El líder de viraje necesita ser audaz y decidido, con notorio talento para efectuar análisis rápidos, diagnósticos ágiles, decisiones firmes e implementaciones inmediatas.

Ese líder ha de trabajar en integrar un equipo compacto con la gente adecuada en el lugar preciso, con quienes pueda comunicarse fluida y efectivamente.

Al armar el equipo requerido no hay espacio para muchos miramientos. Es posible que tengamos que hacer cambios en el consejo de administración o junta directiva, reemplazar al CEO, al director de finanzas, o a otros miembros de la alta dirección.

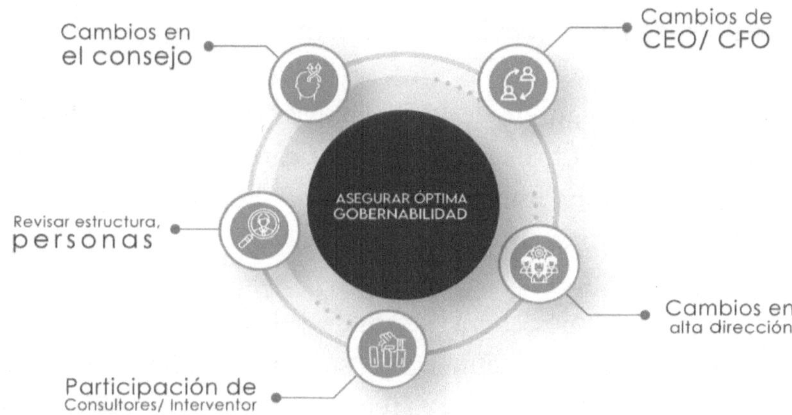

Figura 6

Fuente: Elaboración propia, 2022.

A lo mejor necesitamos la participación de consultores, abogados, de algún interventor, o tenemos que revisar toda nuestra estructura para ver qué personas nos van a ayudar o incluso qué personas nos podrían entorpecer la realización del viraje.

CONSTRUYENDO UN EQUIPO SINÉRGICO

Los retos que manejan los líderes del cambio son grandes. En primera instancia deben convencer a los accionistas, a los consejeros y a los acreedores, de que hacer un viraje estratégico es la mejor alternativa para recuperar el valor en la empresa.

Los que hayan vivido una situación financiera compleja comprenderán lo difícil que es elegir un camino en medio de la tempestad. En esos momentos todo parece confuso y no es sencillo saber qué va a funcionar.

Apostarle a un extraño en esos lapsos de ofuscación no es nada fácil. Para tomar el control de la compañía de modo que los propietarios y ejecutivos reconozcan quién trae el mando se requiere de un liderazgo muy convincente para que todos acepten las decisiones del recién llegado.

Seguramente algunos de los ejecutivos se sumarán a los proyectos de cambio. Otros no tendrán las capacidades requeridas y serán sustituidos. Es imperativo mantener la cohesión y crear un alto nivel de compromiso. Algunos se resistirán, y los que queden tendrán que integrarse.

El equipo de viraje deberá transmitir de forma inmediata un sentido de urgencia y de orientación al saneamiento financiero y a la creación de valor a corto plazo. Tendrá que polarizar sus energías a las prioridades del plan sin perder tiempo. El máximo responsable tiene que ser capaz de mover a los líderes superiores e intermedios en plazos muy cortos.

Implementar mecanismos efectivos de control financiero y administrativo es fundamental. En tiempos de crisis no se pueden gastar recursos en crear sistemas sofisticados que tarden meses o años en funcionar. Los nuevos sistemas habrán de ser muy ligeros y prácticos, y deberán implantarse con celeridad.

Desarrollar y comunicar una renovada visión de negocio exige que se logre una comprensión cabal de la misma. Con ella tienen que comprometerse propietarios, directivos y empleados. Esta visión debe ser clara, creíble, y además plantear explícitamente cómo se recuperará la salud financiera y cómo se volverá a crear valor.

Debemos asegurarnos de que todos los miembros de la organización se alineen con las prioridades del plan de viraje y ejecuten efectivamente las acciones que de él se desprenden. La orientación debe volcarse hacia la ejecución rápida. Las jugadas no son muchas y buscan sanear y crear valor dentro del estrecho margen de acción que se vive.

Cualidades de los líderes de viraje

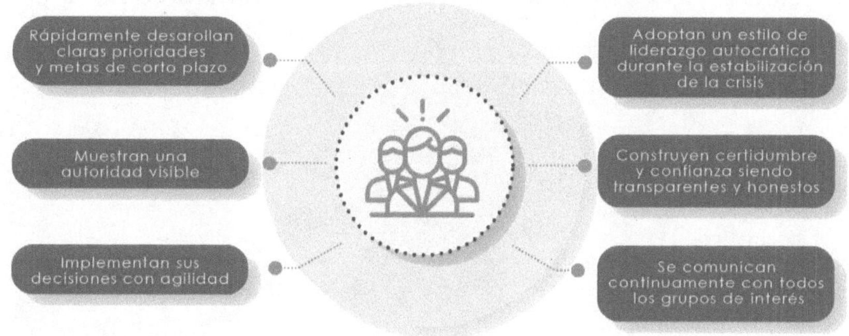

Figura 7

Fuente: Elaboración propia, 2022.

COMBINACIONES DE LIDERAZGOS

El líder del viraje debe evaluar rápido al equipo gerencial con que cuenta. En poco tiempo tiene que decidir quién podrá integrarse al proyecto y qué miembros de la empresa definitivamente no conviene que sigan.

Es crucial identificar pronto los talentos sobresalientes, buscando que las carencias de unos sean reforzadas con las capacidades de otros. No se requiere pensar en un organigrama para muchos años, ni tampoco armar cargos muy complejos, con perfiles que cubran todo. El trabajo en equipo debe ser tal que se suplan con agilidad las debilidades de cada integrante.

Aquí no hablamos de la sinergia organizacional que bordamos finamente a través de los años en los largos procesos de institucionalización de empresas en crecimiento. Éste no es el caso. Se trata de armar un comando más bien pequeño de personas muy comprometidas y eficaces.

Es por esto que el equipo de líderes ha de distinguirse en la virtud de la flexibilidad. Sus acomodos son naturales y espontáneos. No necesitan de expertos en diseño organizacional o en evaluación de ejecutivos para encontrar con agilidad cómo apoyarse mutuamente.

CASO ESTRUCTURAS METÁLICAS LOMA

El caso que a continuación exponemos describe el desafío que implica para el dueño de negocio convertirse en el líder del viraje, al tener que romper sus propios paradigmas y liderar un proceso en el que debe abandonar clientes, productos y mercados para crear valor de un modo más enfocado y sacar a flote su compañía.

Asimismo, se muestra la importancia del acompañamiento de expertos que orienten al dueño en todo el proceso del viraje.

LAS PIEZAS QUE ATASCARON LA MÁQUINA

Hace unos años, y desde una floreciente ciudad media en el norte de México, nos llegó un caso que cautivó nuestra atención de inmediato. El llamado para realizar un viraje estratégico venía de un taller de manufactura de estructuras metálicas.

Conocíamos algo de esta empresa, pues el hijo mayor del fundador había asistido años atrás a uno de nuestros cursos de formación de dueños. Así que sabíamos que si él acudía a nosotros era porque realmente algo importante estaba sucediendo.

En sus inicios, Estructuras Metálicas Loma (EML) era una compañía familiar que tenía como mercado principal el estado de Coahuila. Manejaba obras más bien pequeñas, de alrededor de 100 toneladas de acero. Esto se consideraba una dimensión reducida en su sector, teniendo en cuenta que las grandes obras de acero emplean más de 500 toneladas.

Se dedicaba principalmente a la construcción de naves industriales, edificios y bodegas. Posteriormente logró expandirse a otras regiones, realizando alianzas con grandes empresas.

Primeros aliados y oportunidades

Su fundador, Manuel López Martínez, fue un hombre que había trabajado toda su vida para consolidar un emprendimiento familiar que le sirviera de sustento a todos sus hijos. Y hasta cierto punto lo había logrado, ya que la empresa se había vuelto el punto de unión y un lugar formativo para todos, hasta que su repentina muerte dejó su sueño a medio camino.

José Manuel, el mayor de los hijos, quien en ese entonces tenía tan sólo 19 años, fue a quien le tocó asumir las riendas del negocio junto con el gerente de ventas, quien llevaba algún tiempo en la empresa y mostraba buena disposición a enseñar al sucesor.

Posteriormente los dos hermanos menores empezaron a trabajar ahí, uno en el área de producción y otro en el área administrativa, pero ninguno de ellos tenía la habilidad ni la pasión de su hermano mayor, por lo que nunca tuvieron un rol protagónico en la empresa.

José Manuel era un joven con carisma, astuto y con muchos deseos de sacar adelante el negocio. Tal vez por eso muchos de los que fueron amigos y compañeros de su padre decidieron darle una mano con contratos que mantuvieron la empresa a flote, mientras él aprendía a asumir las riendas del negocio y sacarlo adelante por sus propias fuerzas.

Su manera de ser le propició también grandes amistades con los constructores, quienes veían en él un gran aliado para llevar a cabo obras de mayor envergadura, oportunidad que el nuevo líder supo aprovechar al entender rápidamente que su fórmula de negocio era complementaria a la obra civil, por lo que necesitaba cultivar esas alianzas.

En su afán de contar con más clientes, José Manuel adquirió un préstamo en dólares para importar equipo y maquinaria que necesitaba para poder comprometerse con obras más grandes.

Fallas en el engranaje

En respuesta a su acercamiento, nuestro primer paso fue examinar la empresa al detalle. Por lo general los dueños consideran que las crisis del entorno son las causantes de las dificultades al interior de las organizaciones, pero no suele ser exactamente así. Cuando hay conflictos internos graves, éstos salen a la luz en tiempos de dificultad, y este caso no era la excepción.

Como punto de partida evidenciamos que el negocio no estaba aprovechando sus ventajas competitivas. A pesar de la capacidad de generar nexos duraderos con sus clientes, de la laboriosidad de su gente y del compromiso y la calidad del trabajo de todos, los ingresos que se obtenían no eran suficientes para mantener una operación estable.

El segundo tema que observamos fue el angustiante desorden administrativo que ahí se vivía: *a)* los gastos estaban totalmente fuera de control; *b)* la contabilidad no se encontraba al día; *c)* los costos reales se desconocían, y *d)* el mapa financiero para saber dónde estábamos no existía, a pesar de tener elevadas deudas que José Manuel no tenía la certeza de poder pagar.

El tema financiero era el tercer aspecto crítico. La empresa tenía un alto nivel de endeudamiento para su tamaño. Si bien la deuda en moneda extranjera no era muy grande, si le sumábamos las demás obligaciones en moneda local, especialmente con proveedores, la compañía se estaba aproximando cada vez más al punto de tener que parar sus operaciones.

Entre otros hallazgos, encontramos que la compañía se había convertido en un gran deudor del fisco, en momentos en que éste estaba recaudando de manera muy relajada. En cada declaración de impuestos José Manuel buscaba alguna peripecia para postergar una parte de lo que le correspondía pagar y así financiar sus operaciones.

Sumado a todo lo anterior, la actividad económica del país se había reducido de manera considerable, generando un freno en las inversiones. Como consecuencia, el trabajo de obras civiles había mermado sensiblemente. En el afán de no perder contratos, la empresa había caído en la trampa de otorgar descuentos demasiado generosos.

Ensamble de piezas

Empezamos por identificar hacia dónde podíamos enfocar la empresa para construir un futuro promisorio dentro de las condiciones de mercado. También ayudamos a José Manuel a tomar decisiones que contribuyeran a reducir costos y recortar gastos innecesarios.

Organizamos el manejo de los recursos de forma tal que los anticipos de obras sólo fueran destinados a la compra del material, rompiendo el círculo vicioso en el que habían entrado por usarlos para pagar deudas.

La medida más trascendente fue concentrar a José Manuel en fomentar relaciones con constructores de grandes ligas, buscando obras que le dejaran mayor rentabilidad. En pocos meses se logró establecer contacto con una constructora radicada en Ciudad Juárez, frontera con Estados Unidos, que había crecido mucho por el establecimiento de plantas maquiladoras.

La compañía construía bodegas para una multinacional y contrataron a EML para levantar una bodega que necesitaba 600 toneladas de acero. Ésta era la obra más grande en la que había estado involucrada la compañía. Para hacer el trabajo, José Manuel contrató a un ingeniero con doctorado en Cálculo de Estructuras, quien nos demostró cómo se podía trabajar con eficiencia y confiabilidad.

Dada la importancia de la plaza, acordamos la conveniencia de que José Manuel cambiara su residencia a Ciudad Juárez para liderar el proyecto principal. Uno de sus hermanos se quedó como gerente general y otro a cargo de la producción en la obra.

El proyecto fue todo un éxito y fue determinante para cerrar una negociación con una compañía japonesa que también estaba haciendo obras en esa ciudad. Los dueños eran muy meticulosos, así que tuvo que aprender a operar de manera impecable. A partir de este momento EML comenzó a participar en obras cada vez más grandes que con el tiempo la llevarían a operar en otras regiones de la frontera norte de México.

La empresa iba saliendo a flote, sus finanzas mejoraban día a día y el futuro se veía cada vez más claro, cuando surgió un nuevo problema. Recibimos la visita de un inspector del Seguro Social que venía con la intención de embargar la maquinaria.

Anticipándonos a este problema, por las deudas aún elevadas con proveedores y con las autoridades, habíamos diseñado un plan de defensa legal para que ningún acreedor pudiera afectar la operación de la empresa. La maquinaria y el equipo estaban a nombre de otra empresa y EML pagaba renta por su uso. Contábamos con un documento notariado en donde demostrábamos que esos activos no formaban parte de EML, por lo que no pudieron ejecutar el embargo.

El problema no paró allí y tuvimos que frenar otros intentos del Seguro Social y del fisco hasta que pudimos tener la suficiente salud financiera para llegar a una negociación viable y de este modo responder a los adeudos.

Apoyo al líder

El liderazgo de José Manuel estaba enfocado en las relaciones, la venta y el seguimiento a los nuevos proyectos. Sin embargo, la función financiera y administrativa seguía siendo deficiente. Por esta razón le sugerimos apoyarlo directamente en todo el plan de saneamiento financiero, facilitando que él se concentrara en ser el mejor vendedor y operador del gremio, como sabíamos que podía serlo.

El paso siguiente fue liderar nosotros las negociaciones con los diferentes proveedores. Los citamos a negociar con el acompañamiento de José Manuel, quien tenía un gran poder de convencimiento. Explicábamos desde la parte financiera cómo y por qué íbamos a poder pagar y José Manuel contribuía en la realización de convenios con las personas que tenían buenas relaciones con él. Trabajando en equipo logramos cerrar acuerdos muy importantes y mantener la operación de la empresa.

Luz al final del túnel (por el momento)

El proceso de viraje duró alrededor de dos años. Los resultados fueron muy positivos, sobre todo si tenemos en cuenta la situación de crisis económica que se vivía en el país.

La empresa realizaba ahora obras de otra envergadura. La mayor rondaba la manufactura de ¡10 000 toneladas de acero!

En resumen, la salida de la crisis fue el fruto de las siguientes jugadas:

- La reducción de costos y gastos.
- La negociación de pasivos con proveedores.
- El ingreso al mercado de grandes obras de estructuras.
- La contratación del ingeniero con doctorado en Cálculo.
- La estrategia legal para enfrentar a las autoridades.
- Los movimientos administrativos y logísticos que le permitieron a la empresa gestionar obras de envergadura.
- El establecimiento de alianzas duraderas con clientes y proveedores.

Nuevo desperfecto

Cuando realizamos procesos de viraje siempre hablamos de la importancia de hacer un buen cierre para que, una vez superada la crisis y montada la empresa en una ruta de crecimiento viable, sea posible restablecer la gobernabilidad y lograr su permanencia en el largo plazo.

Sin embargo, no siempre es posible. Un tiempo después, José Manuel acudió nuevamente a nosotros. Había regresado de Ciudad Juárez, tenía más experiencia, pero ahora también era un consagrado tenista que en más de una ocasión no sólo había competido, sino que se había coronado campeón en varios torneos. Esta actividad le demandaba cada vez más tiempo y se había convertido en un elemento de distracción para su negocio, que daba indicios de volverse a descarrilar.

De nuevo volvimos a examinar las finanzas de la empresa. Y para nuestra sorpresa, José Manuel había vuelto a incurrir en los mismos errores del pasado: desorden administrativo y dispersión.

La persona que habíamos dejado contratada para manejar la contaduría se había ido de la empresa y en su reemplazo llegó un contador sin suficiente experiencia. EML era nuevamente una maraña en sus estados financieros. El director administrativo, al que reportaba ese contador, era el menor de los hermanos López Martínez quien no tenía talento para desempeñar el cargo.

También hallamos negocios desventajosos en los que habían recibido bienes inmuebles como pago, que además de generar impuestos dificultaban la liquidez.

Engranajes fundamentales

Así las cosas, le propusimos a José Manuel reestructurar por completo el área administrativa y suplir a su hermano y al contador. No podíamos prohibirle practicar su pasatiempo favorito, pero sí nos encargamos de mostrarle cómo la empresa estaba en dificultades y que no era prudente continuar gastando de la manera en que se estaba haciendo.

Nuevamente ordenamos las finanzas y revisamos el manejo de la operación para hacerla más eficiente. Una de las medidas más contundentes fue el diseño de un esquema de remuneración a partir del desempeño de los empleados, con lo que logramos reducir 20% al personal e incrementar las toneladas producidas.

Bajamos los costos de producción, ofrecimos bonos por puntualidad y agilidad, con lo cual la mayoría mejoró su rendimiento, y de esta manera incrementamos notoriamente la productividad del negocio, a la par de pagar los mejores sueldos de la industria.

Esta solución surgió luego de investigar por qué había tanta lentitud en las líneas de producción. Así, se diseñó un algoritmo que combinaba el peso de la pieza a producir y la complejidad que ésta generaba en el trabajo. De esta manera se logró detectar cuáles trabajadores tenían inconvenientes con el peso de las piezas y cuáles simplemente eran mediocres.

La medida mejoró la velocidad en la línea de producción, con un notorio impacto favorable en el ciclo financiero. Redujimos los costos en los departamentos de presupuesto y de ventas. La planta se puso en otro nivel. Al tener un trabajo más eficiente, se logró contar con un ambiente laboral inmejorable.

Advirtiendo el riesgo de que la empresa volviera a caer en el mismo patrón de debilidad en el manejo financiero administrativo, logramos que José Manuel contratara a un gerente competente para complementarse en esos aspectos. Una vez que nos percatamos de que ese liderazgo empezaba a dar frutos, dimos por concluido el proyecto de viraje.

CASO

REFLEXIONES

En el camino del crecimiento se presentan momentos que nos invitan a modificar nuestro enfoque, buscando nuestra mejor oportunidad ahí donde podemos ser líderes, como sucedió en este caso, donde pudimos construir una sólida posición competitiva atendiendo grandes obras para empresas multinacionales.

Para hacer esto posible la empresa debió rediseñarse interiormente, con una nueva fórmula de gobierno que partió de identificar en dónde se debía concentrar el líder y qué complementos necesitaba para hacer realidad su proyecto. Esto implicó para José Manuel cambiar su residencia y concentrarse en las relaciones, en las ventas y en la supervisión de las grandes obras, delegando primero en el Centro de Dueñez Empresaria (CEDEM) y luego en un gerente administrativo el manejo de las finanzas.

El éxito en los negocios y la abundancia de recursos expone a los dueños a muchas tentaciones que se pueden convertir en fuentes de dispersión. Tarde o temprano estas otras actividades absorberán tal nivel de energía y recursos que se traducirán en un alto costo económico para la empresa. Mantenernos atentos a nuestro negocio sin perder concentración es fundamental.

En este mismo sentido, cuando otros proyectos empresariales o personales distraen al dueño de su negocio, se hace necesario tomar conciencia de sus implicaciones y en función de éstas rediseñar nuestro rol y nuestra fórmula de gobierno para continuar creando valor, sin renunciar a esas inquietudes. José Manuel continuó compitiendo en torneos de tenis, pero racionalizó el tiempo e inversiones que dedicaba a su *hobby*.

José Manuel es un líder con grandes dotes de vendedor y relacionista, pero su compañía tiene carencias en el armado organizacional, en donde las relaciones familiares y personales se confunden con las relaciones laborales. Al ser consciente de esa debilidad, pudo construir un liderazgo complementario que lo ayudara a mantener la disciplina en sus negocios.

Un proyecto de viraje no concluye hasta que la empresa no ha solucionado de raíz los problemas que la llevaron a la situación de crisis o estancamiento. En el caso de EML el cierre del viraje implicó asegurar la creación del área financiera administrativa.

SEGUNDA PARTE

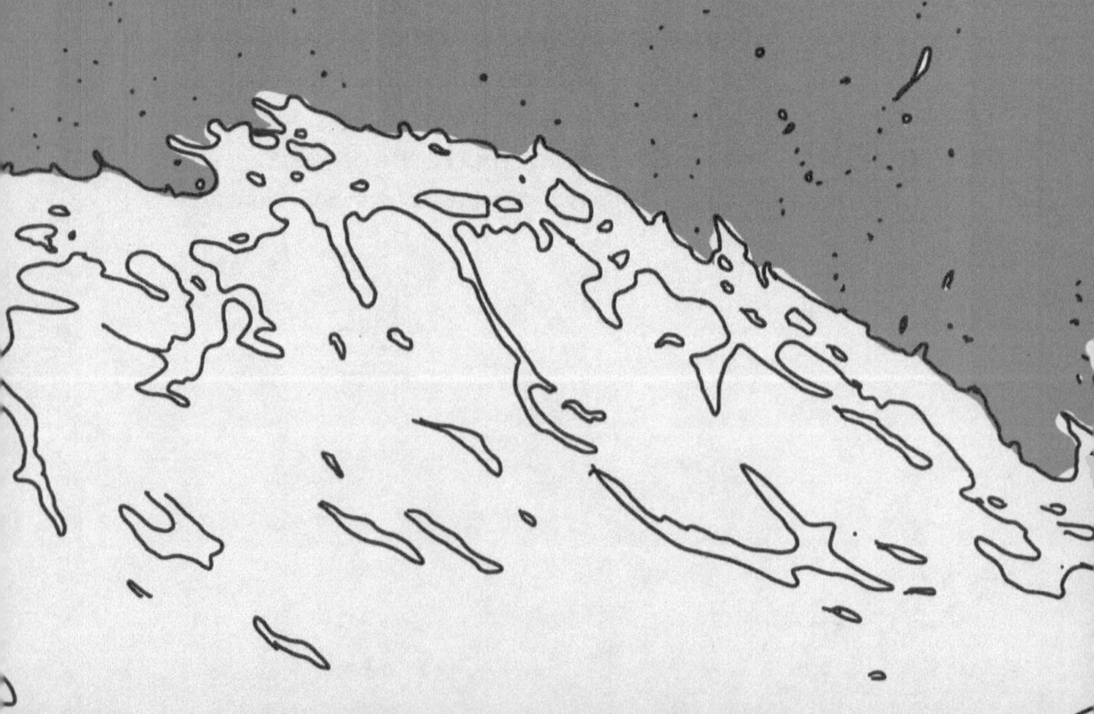

Cambio de rumbo

Hacer un buen diagnóstico es más de la mitad de la **solución a cualquier problema.**

4

LEYENDO EL HORIZONTE

El diagnóstico de viraje es la herramienta a través de la cual podremos determinar la nueva ruta. Éste es un proceso rápido, contundente, centrado en la percepción y la experiencia del líder que está dirigiendo el proceso y del conocimiento y la habilidad del equipo que ha conformado. Es la etapa en la cual buscamos hacer una nueva interpretación de la situación actual de la empresa.

El primer aspecto para considerar es olvidarnos del plan estratégico que habíamos diseñado antes de reconocer que estamos en un periodo de crisis. Ahora tenemos que definir cuáles son los problemas que nos aquejan, identificarlos, precisarlos y buscar a fondo qué está detrás de cada uno de ellos.

Así como analizamos las dificultades, también debemos considerar dónde están las oportunidades de cambio. Dónde hay potencial de crear valor, en qué segmento de mercado podemos desarrollar ofertas superiores. Posiblemente las opciones que encontremos no representen el volumen de las operaciones que teníamos antes, pero si hay posibilidad de hacer negocio hay que enfocarse en encontrarlas.

No nos forcemos en examinar iniciativas similares a las de antes de la crisis, porque podrían ya no existir. Tratemos de encontrar el potencial en los nuevos mercados y consumidores, en las prácticas de consumo actuales y en el nuevo comportamiento de los clientes.

Realizar un diagnóstico adecuado es fundamental para lograr un proceso de viraje efectivo. Ha de ser objetivo y preciso, asegurando comprensión de la situación, visión de conjunto, comunicación abierta e intensa con todos los involucrados en el proceso.

La sensatez y la prudencia son aquí virtudes fundamentales. Nunca será recomendable acelerarse y empezar a lanzar de forma improvisada medidas no estudiadas.

SITUACIONES DE ESTANCAMIENTO

Interpretar de modo adecuado la situación nos permite profundizar en las verdaderas causas de la crisis y resolver los problemas de la organización de manera práctica y dirigida a lo que en realidad importa, sin gastar tiempo con conexiones poco relevantes.

Para comprender asertivamente la situación es importante profundizar en:

La problemática y sus causas

El líder de viraje debe enfocarse en entender las circunstancias actuales de la empresa y en identificar las causas que la han llevado a la situación de crisis o estancamiento.

La génesis de la crisis puede estar relacionada con cambios en los mercados que afectaron nuestras fórmulas de negocio, con una lucha de poder en la cima de la organización que dificulta establecer un proyecto viable, con un vacío de liderazgo que ha impedido que la empresa se adapte a situaciones cambiantes o cualquier otro hecho que haya dado origen a la situación actual.

También es importante que el líder de viraje se nutra de las opiniones de su equipo y ahonde en sus apreciaciones hasta llegar a un diagnóstico que identifique verdaderamente las causas raíz y los puntos neurálgicos sobre los que se puede establecer una ruta de recuperación.

Vigencia de las fórmulas de negocio

En el diagnóstico es fundamental identificar y analizar por separado cada una de las fórmulas de negocio de la empresa, evaluando si siguen siendo vigentes, si continúan siendo atractivas para el cliente, si podemos seguir explotándolas en el mercado actual o tenemos que reinventarlas.

Análisis financiero de las fórmulas de negocio	FN1		FN2		FN3	
	Real	Potencial	Real	Potencial	Real	Potencial
Ventas						
Participación de mercado						
Costos						
Utilidad bruta						
Gastos de operación						
Capital de trabajo						
Costo de capital de trabajo						
Contribución						

Cuadro 1

Fuente: Elaboración propia, 2022.

El análisis de las fórmulas de negocio lo efectuamos especificando el peso que tiene cada producto y cada segmento de mercado en las ventas, su contribución marginal y el soporte que requieren de capital de trabajo.

Si la empresa está conformada por diferentes negocios, sucursales, líneas de producto o atiende diversos segmentos de mercado, debemos realizar el análisis como si la organización fuera una confederación de negocios donde las líneas divisorias entre todos ellos estuviesen claras.

Cada negocio debe evaluarse como si fuera el único. Cada uno tiene que ser líder, rentable, sustentable y exitoso. Los negocios mediocres son altamente costosos, aunque en la contabilidad no reflejen la pérdida de dinero. Si esos negocios, aun con las medidas que podamos tomar, no encuentran caminos claros de liderazgo, rentabilidad y crecimiento, su destino es el abandono.

Esta aproximación nos da las pistas para imaginar las decisiones de concentración y abandono pertinentes luego de su evaluación individual. Pretender impulsar de manera enfocada nuevas fórmulas de negocio sin abandonar las que no funcionan, es iluso. Las fórmulas de negocio mediocres y perdedoras siempre se convierten en un lastre.

Potencial de creación de valor

Uno de los aspectos más relevantes en el análisis de las diferentes fórmulas de negocio es dimensionar el potencial de creación de valor que pudiéramos extraer de cada una de éstas, concentrándonos en su explotación cabal como si fuera la única.

El líder de viraje hace este ejercicio tanto para cada una de las fórmulas vigentes como para las nuevas, apoyado en su equipo y en quien se pueda apalancar para llevar a cabo esta tarea.

El proceso de diagnóstico se orienta tanto a la comprensión de las causas raíz de la problemática como a la identificación de los caminos de viabilidad para llevar la empresa a una nueva ruta de crecimiento de valor.

Evaluación de los grupos de interés

En el viraje es muy importante identificar y evaluar a los grupos de interés (proveedores, acreedores, socios, aliados, familiares, directivos, colaboradores), cuya disposición es clave para que la empresa pueda seguir en marcha y reconstruir sus condiciones de viabilidad.

Antes de entrar en contacto con cada uno de ellos es importante conocer nuestra posición y dimensionar qué tanto margen de maniobra tenemos, para con esa información planear la mejor ruta de acercamiento.

En este ámbito es muy importante incorporar a un equipo de abogados que permitan dimensionar y prever situaciones de conflicto y de defensa legal. Se definirá también quién atiende a cada uno de los interesados, siempre coordinados por el líder de viraje, para mantenerse oportunamente informado y llevar el control de todo el proceso.

Viabilidad de la empresa

No en todos los casos el viraje encuentra un camino de futuro. Hay ocasiones en las que lo mejor es vender o liquidar la compañía, tal vez porque las fórmulas de negocio hayan dejado de ser viables, o porque los interesados no facilitan las condiciones para la recuperación, o porque es preferible para los accionistas arrancar de cero una nueva aventura empresarial. Hemos tenido experiencias en donde la prioridad en el viraje es el rescate de una parte del patrimonio empresarial para los socios.

Margen de maniobra

Con todos los elementos descritos, el líder de viraje va conociendo qué tantas posibilidades tiene de hacer frente a la situación para conducir el proceso, así como los puntos donde puede tener mayores opciones de ampliar ese estrecho margen de maniobra.

Lo peor que podemos encontrar es la falta de opciones. Cuando una empresa ha agotado sus posibilidades, el líder tiene que considerar tratamientos prácticamente terminales, como la liquidación o venta de activos.

Condición de la organización

Las estructuras humanas se van construyendo a través del tiempo, siempre pensando que cada puesto, cada departamento, cada persona, se justificará por la aportación que generará. Pero en la realidad esto no siempre ocurre así.

Si no revisamos periódicamente nuestro organigrama durante largos periodos de crecimiento, se crearán dentro de él muchos escondites de improductividad y muchas áreas de ineficiencia. Éste es un proceso natural. No todo lo estructurado va a seguir operando con altos rendimientos a la larga.

De estas realidades nació la necesidad de la reingeniería y de las prácticas de reestructuración organizacional.

Las compañías cargadas de estructuras improductivas se vuelven paquidérmicas. Esto provoca lentitud, rendimientos decrecientes y elevados gastos.

A la hora de efectuar el diagnóstico, los líderes de viraje suelen tener una especial habilidad para identificar los excesos organizacionales y así aligerar estructuras y minimizar gastos. Es claro que a la hora de apuntar estos problemas los dueños y dirigentes anteriores mostrarán resistencia a los cambios requeridos.

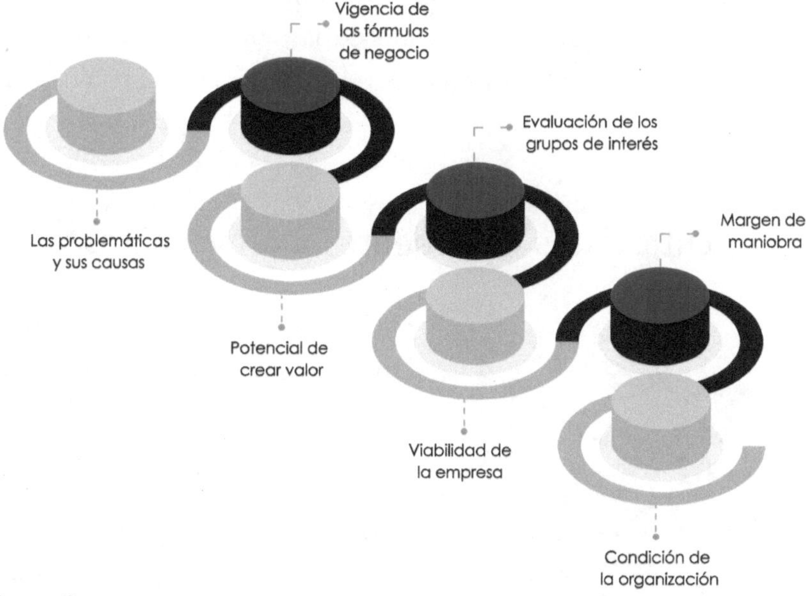

Figura 8

Fuente: Elaboración propia, 2022.

CÓMO LLEVAR A CABO EL DIAGNÓSTICO

El diagnóstico de viraje es un proceso rápido, contundente, centrado en la percepción y experiencia de su líder. Las siguientes son las actividades por desarrollar para llevarlo a cabo.

Entrevistas con socios y ejecutivos

Quien conduce el proceso debe entablar una serie de conversaciones con los dueños, los integrantes del equipo directivo, los consejeros, los asesores externos, los miembros de la familia, los socios y en general con cualquier persona que le proporcione apreciaciones sobre la empresa para entender su problemática.

Las entrevistas son individuales y confidenciales, deben hacerse a profundidad, siendo insistentes en comprender lo que cada uno de ellos percibe que está pasando en la empresa, lo cual permite ir indagando sobre los aspectos relevantes para así ir ajustando su apreciación.

Entrevistas con clientes y proveedores

Hay ocasiones en que es importante obtener información de algunos clientes de la empresa para evaluar el nivel de atención que les estamos dando y para conocer qué más podemos hacer por ellos. Esta información puede ser vital para las decisiones de enfoque y también para fortalecer nuestra posición competitiva ante ellos.

También suele ser importante entrar en contacto con proveedores estratégicos para saber cómo está nuestra relación y prepararnos para seguir contando con su apoyo. Generalmente los proveedores suelen tener una visión bastante profunda y completa sobre la situación de sus clientes, sobre todo los más importantes.

Análisis financiero y estadístico

El análisis financiero incluye entender la evolución del estado de resultados, del balance general y del flujo de efectivo. Asimismo, comprender el comportamiento de las diferentes líneas de producto y mercados que atiende la empresa, sus márgenes y la estructura del capital de trabajo. Es prioritario contar con una proyección del flujo de efectivo mensual, a un año y de las siguientes 13 semanas, para dimensionar lo que tenemos que hacer para que la empresa no deje de operar.

Análisis de la lógica de creación de valor

La lógica de creación de valor consiste en entender el negocio en su totalidad. Cómo genera valor, cómo lo multiplica, cómo lo captura, cómo se relacionan entre sí y si existe congruencia y alineación entre éstas para optimizar el liderazgo, la rentabilidad y el crecimiento.

Para comprender el negocio necesitamos indagar en las premisas que lo sustentan: cuál es el producto o mezcla de productos y servicios, en qué radica su diferenciación, cuál es el posicionamiento, cuáles son los procesos críticos, cuáles son sus márgenes, cuáles son las estrategias comerciales, con qué estructura de gastos operamos, cuál es la estructura de capital de trabajo y el rendimiento de los principales activos.

Con este análisis podremos descifrar la lógica de creación de valor prevaleciente en el negocio, y entonces tener la perspectiva para poder transformarla. Este análisis es el enfoque medular de nuestra metodología de viraje estratégico.

FACTORES CLAVE DEL DIAGNÓSTICO

Identificar las causas verdaderas de la problemática

Infinidad de veces hemos escuchado que hacer un buen diagnóstico es más de la mitad de la solución a cualquier problema. En el viraje es especialmente importante no sólo comprender las causas que nos llevaron a la situación actual, sino aún más importante, generar una hipótesis sobre los nuevos caminos de viabilidad de la empresa.

Objetividad y realismo al interpretar la situación

El líder de viraje debe estar atento a elaborar una hipótesis del camino de salida de la situación. Esta hipótesis la va construyendo gradualmente en su mente, a través de las entrevistas y reuniones, de la interpretación de la información a la que puede acceder, de la reflexión y diálogo con todos los interlocutores, y procura actuar con la mayor objetividad y realismo.

Utilizar los instrumentos adecuados

Para tomar el pulso de la situación y de las posibilidades de futuro es fundamental hacer uso de los instrumentos más adecuados, que son únicos para cada caso.

En nuestra experiencia, los instrumentos más utilizados son:

Rediseño de fórmulas de negocio: El equipo de viraje tendrá que validar si las fórmulas de negocio que se tenían antes de la crisis continúan siendo válidas o no. Si definitivamente hemos perdido el liderazgo en el mercado o se ha deteriorado nuestra posición competitiva, si nuestros márgenes se han esfumado, debemos retar al equipo a descubrir dónde están las nuevas canchas, dónde hay jugada, cómo podemos recuperar la capacidad de creación de valor.

Proyecciones financieras: Al rediseñar la nueva fórmula de negocio es necesario proyectar cuál va a ser su desempeño financiero, presupuestando ingresos, costos, gastos y márgenes. Asimismo, estimar el capital de trabajo y las inversiones en activos fijos (Capex). Con esta información podremos estimar la generación de flujo y evaluar los recursos que necesitamos para que el proyecto sea viable.

Las proyecciones financieras toman mayor relevancia cuando hacemos una para cada segmento de mercado, atendiendo las condiciones comerciales con que opera, y calculando de manera específica su impacto en el capital de trabajo.

Métrica de valor: La métrica nos permite conocer y explorar los procesos de creación de valor en la empresa y descubrir oportunidades para potenciarlo. Este proceso consiste en:

- Identificar en dónde la empresa crea el valor (productos, mercados, procesos, geografías, unidades de negocio).
- Cómo se crea (fórmulas de negocio).
- Quiénes lo crean (personas, equipos).
- Cuáles son los principales impulsores e inhibidores de valor.
- Cuáles son las principales oportunidades de creación de valor y sus implicaciones de explotación.
- Cuáles son los principales riesgos de la empresa y cuál su eventual impacto en el valor.
- Cuál es el valor de la empresa hoy.

Análisis de posibilidades de diferenciación: Redescubrir las preferencias de nuestros clientes y comprender de nuevo sus necesidades nos da los elementos para rediseñar nuestra propuesta de valor y de esta manera aspirar a ganar preferencia sobre las otras opciones a su alcance.

Si no tenemos posibilidades de reconstruir una ventaja competitiva no podremos aspirar a rendimientos económicos superiores.

Depuración de productos y mercados: Al analizar los diferentes productos y mercados que configuran nuestra oferta y lo que aporta cada uno a las ventas y a la contribución marginal, podemos generar alternativas de concentración, proyectando qué tanto podríamos potenciar su desempeño si nos enfocáramos sólo en algunos de ellos.

El análisis de Pareto es muy valioso como entrada a la depuración, complementada por la evaluación del potencial atendiendo cada uno de los productos y mercados como si fueran los únicos.

Análisis de fertilidad de mercados: Atender nuestros mercados sin reflexionar sobre los cambiantes comportamientos de nuestros clientes nos hace caer en inercias y perder las pistas para ir adecuando nuestras ofertas. Nuestra experiencia nos dice que cada vez que revisamos con creatividad y rigor las preferencias del cliente y entendemos nuevamente sus necesidades, encontramos renovadas oportunidades de incrementar nuestras ventas y nuestro rendimiento.

Ajustes a la organización: La reestructura de la organización podría darse por dos frentes. Por un lado, podemos evaluar el exceso de grasa, haciendo un análisis sobre el nivel de obesidad e improductividad, fruto de una organización aletargada y burocrática que salta a la vista y que representa en sí misma una oportunidad de baja de gastos.

También puede ser el resultado de un ajuste en la dimensión del negocio, al ir identificando oportunidades de concentración y abandono en geografías, unidades de negocio, productos y mercados.

Pensar en la viabilidad y en el *timing*

El líder de viraje, al plantear las alternativas, debe evaluar las condiciones de éxito de cada una de ellas, los recursos a considerar, los costos implícitos y el *timing* en que las acciones planteadas pueden y deben llevarse a cabo.

Orientación hacia las oportunidades

La hipótesis de salida de la situación es un bosquejo suficientemente claro para que el equipo de viraje se lance a su implementación en la búsqueda de movimiento. Porque moviéndose es donde se validan las posibilidades.

No es un plan perfecto ni detallado, tal vez no es ni siquiera el camino definitivo. Es el camino de arranque, la puesta en marcha de la transformación que se requiere; es tarea del líder y del equipo de viraje ajustarlo, modificarlo y en su momento desecharlo si a lo largo de la ruta que estamos probando descubrimos un mejor camino para salir de la situación.

El plan es una mezcla que combina determinación y flexibilidad, en donde siempre tenemos una meta por alcanzar, pero al mismo tiempo estamos dispuestos a moverla si la realidad así lo demanda.

MANEJO DE LOS *STAKEHOLDERS*

Una vez que se han hecho las entrevistas con todos los *stakeholders* o grupos de interés, la tarea principal es identificar quiénes son los que tendrán que tomar las duras determinaciones que suelen acompañar los procesos de viraje.

Estas determinaciones implican serias decisiones de abandono en la organización enferma: reducciones dramáticas en la estructura humana, fuerte disminución en los gastos, decisiones dolorosas de desinversión, cierre de operaciones de negocios, productos y mercados. No es fácil aceptar esos cambios e implementarlos y mucho menos ponerse de acuerdo en dónde y cuándo aplicar el bisturí.

Al identificar plenamente a los interesados, es decisivo analizar quiénes tienen el control y quiénes ejercen influencia, para conocer nuestro margen de maniobra y cómo tratar con cada uno de ellos.

Por ejemplo, en las empresas familiares es frecuente encontrar roces entre el fundador que aún controla el capital, el director general y otros ejecutivos, que han perdido prestigio y poder, y el banco que ha prestado sus fondos y quiere asegurar su recuperación.

Cada interesado tiene sus propios intereses en juego, en parte coincidentes y en parte diferentes. La negociación de posiciones con cada uno es delicada y sutil.

Para descubrir caminos viables hay que establecer cuáles son las condiciones para apoyar la solución a plantear. Si no satisfacemos esas condiciones de los decisores clave, ni el plan más efectivo será aceptado.

Para encontrar estas condiciones de apoyo se requiere estudiar los distintos escenarios para cada uno de los involucrados. ¿Qué pierde cada uno si el negocio fracasa? ¿Qué gana cada uno de ellos si el plan tiene éxito? ¿A qué están dispuestos los involucrados?

Desde el inicio del diseño del plan de viraje es importante tomar en cuenta las posibles contribuciones de cada grupo de interés. ¿Cómo negociar los sacrificios y concesiones de cada parte? ¿Cómo aprovechar los talentos y el poder que cada uno tiene? ¿Cómo lograr que trabajen sinérgicamente con el mismo proyecto en mente?

A fin de cuentas no podemos manejar distintas agendas. Tenemos que hablar con franqueza y sin tapujos, pero prometiendo menos y cumpliendo de más.

La credibilidad del líder no puede perderse; lograr éxitos decisivos e inmediatos es obligatorio e importante para mantenerla ante todos los interesados. Gestionar su participación es un arte que es imperativo dominar.

CASO PRODUCTOS DEL HOGAR

El caso que a continuación exponemos demuestra la importancia de contar con líderes de viraje capaces de hacer sacrificios y concesiones, buscar consensos y aprovechar los talentos y el poder del equipo humano disponible.

El desafío de crecer

A lo largo de los últimos años en México, como en otros países latinoamericanos, ha habido transformaciones profundas en las políticas económicas y comerciales. Unas veces orientadas a la estatización de la economía y otras a la privatización de empresas estatales, liberalización comercial y tratados de libre comercio, que han llevado a las compañías nacionales a constantes periodos de crisis.

En uno de esos momentos de dificultad para la industria nacional recibimos un urgente llamado de Gaspar Obregón, CEO de la empresa Productos del Hogar.

Nos preguntamos qué podría estar pasando en el negocio que habían iniciado siete años atrás Gaspar Obregón y Bernardo Domínguez, dos talentosos emprendedores que habíamos conocido cuando impartíamos conferencias en uno de los bancos más importantes del país. Desde ese entonces el contacto fue permanente, por lo que cuando sintieron que su barco podría naufragar, no dudaron en acudir a nosotros.

Duro comienzo

Gaspar Obregón y Bernardo Domínguez, su socio, eran hijos de empresarios, habían estudiado juntos Ingeniería en la universidad y posteriormente ingresaron a una escuela de negocios que preparaba a recién graduados con deseos de emprender o incorporarse a los negocios de su familia. En ese grupo estuvo la semilla del aprendizaje que luego los llevaría a convertirse en grandes empresarios de Monterrey.

Desde sus épocas universitarias ambos mostraron su interés en convertirse en grandes empresarios. Tenían la ventaja de contar con algo de liquidez para iniciar una compañía y excelentes relaciones con la banca. Aparentemente, la mesa estaba servida para que lograran ingresar con éxito al mundo de los negocios, pero no se dieron las condiciones para hacerlo con la agilidad que querían.

Su primer emprendimiento fue montar una pequeña fábrica para deshidratar fruta. La iniciaron con una máquina deshidratadora que, si bien era de segunda mano, estaba en buen estado y lograron comprarla por unos 20 000 dólares, cuando el precio de una nueva oscilaba entre 150 y 200 000 dólares.

Con la máquina entre sus activos, crearon una alianza con un comerciante de hortalizas, pero el negocio nunca despegó y terminaron disociándose.

Años más tarde pensaron enfocar el negocio hacia la venta de granola con fruta deshidratada. Lamentablemente, y con la misma poca fortuna, tampoco prosperaron.

Hasta que su tercera aventura empresarial fue la vencida. Consiguieron maquinaria para envasar granos y semillas, centrándose en un inicio en el frijol y el arroz al tratarse de productos de primera necesidad, fáciles de empacar.

Luego les llegó un negocio de maquila que complementaba lo que ya venían haciendo. Uno de sus competidores les ofreció envasar frijol y arroz para su propia marca. De este modo empezaron a llegar a la empresa camiones con producto a granel. Su labor ahora era empacar el producto en prácticas bolsas de uno y dos kilos con etiquetas para su comercialización.

Al ser un volumen cada vez más grande, les empezó a ir mejor que nunca, ya que sus costos operacionales eran muy bajos. Con este sentimiento de optimismo pagaron muchas de sus deudas y lograron automatizar parte de la operación para así reducir el personal que representaba gastos adicionales. De hecho, las utilidades fueron tantas que aprovecharon sus relaciones para adquirir terrenos con alto potencial de plusvalía.

Con esta renovada liquidez decidieron volver a apostar por una marca propia que empezaron a ubicar en supermercados. En ese momento existían dos cadenas locales cuyos dueños eran amigos de sus familias, por lo que los negocios fluyeron con facilidad.

Al comenzar a vender en estos supermercados, y al ser el margen más grande, decidieron centrarse en su marca y reducir la producción para terceros. En un año focalizaron sus esfuerzos en hacer crecer la marca y cerraron el negocio de maquila. Sin embargo, se darían cuenta de que crecer apresuradamente tenía consecuencias.

Cuando entraron en las grandes cadenas nacionales ya no contaban con amigos que los ayudaran en esa tarea, como lo habían logrado en supermercados de menor tamaño, así que necesitaban hacer continuamente promociones y poner en oferta varios de sus productos. Además, les exigían aportar un lote de inicio, es decir, un inventario de arranque para cada tienda, lo que requería de mucho capital de trabajo para crecer.

Mucho ruido y pocas nueces

Si algo identificaba a Gaspar y a Bernardo era no darse por vencidos. Si bien estaban creciendo como empresa, necesitaban crear algún producto diferente que pudiera tener gran demanda entre los mexicanos y un mayor margen de utilidad.

Desarrollaron entonces una línea de chiles y gelatinas en polvo con mejores márgenes de contribución que sus líneas de granos y semillas. Sin embargo, las cosas no pintaron tan bien. Una vez más, no lograron cautivar de entrada a sus consumidores. ¿Por qué?

Ellos ya habían descubierto que los factores clave de éxito de los granos y semillas eran: contar con una imagen reconocida, calidad apreciada, precio competitivo y agresividad comercial atendiendo las cadenas.

En el mercado de alimentos más elaborados, además de los factores anteriores, aprendieron que también se requería generar confiabilidad en los productos y que éstos tuvieran un magnífico sabor.

Más allá de estas características, para comercializar productos en el gigantesco mercado de comerciantes independientes y detallistas era necesario centrarse en grandes mayoristas que demandaban crédito, lo que implicaba financiar un creciente capital de trabajo.

La realidad de ese momento para ellos era muy distinta. Sólo contaban con el buen sabor de los productos en polvo, no tenían reconocimiento de marca ni promoción y mucho menos una logística a la altura de su proyecto. Tampoco tenían capital para soportar el crecimiento.

Otro factor que jugó en su contra fue convertirse en distribuidores nacionales de sus productos con una estructura de ventas propia en Monterrey y Guadalajara. En cada una de esas plazas contaban con una bodega, un gerente y un grupo de vendedores.

La operación en la Ciudad de México la manejaban a través de un distribuidor y era el mercado con la posición competitiva más débil. Principalmente por su desconocimiento comercial y su desatención a nivel de tiendas, generaba baja rotación y muy pequeña penetración en el mercado.

En la capital del país vendían poco con respecto a los demás competidores, lo que los ponía en una situación complicada tomando en cuenta la constante necesidad de inversión. La empresa operaba apenas arriba del punto de equilibrio, y con la elevada inflación de aquellos tiempos, se redujeron mucho las utilidades.

Como factor detonante que agudizó la crisis, el gobierno tomó la decisión de controlar los precios de productos de primera necesidad como el fríjol y el arroz, que representaban 50% de sus ventas y generaban 10% de margen.

Los productos de precio libre que tenían, como garbanzo, maíz palomero y guisantes, representaban 30% de las ventas y reportaban un margen de 15%. Por su parte, la unidad de negocio de productos en polvo constituía 20% de las ventas y reportaban 30% de margen.

Monterrey era la ciudad más representativa en ventas, con 50%, le seguía Guadalajara con 30% y la Ciudad de México con 20 por ciento.

Su cruda realidad

Organizativamente los dos socios se repartían las grandes tareas. Gaspar se dedicaba a manejar los procesos de compra y venta y Bernardo a las actividades asociadas a la producción y las finanzas. Gaspar viajaba con mucha frecuencia y para mantenerse coordinado con su socio acostumbraba a llamarlo por teléfono a las 8:00 a. m. todos los días; además de una reunión de dos horas los sábados.

En ese momento contaban con una planta pequeña, pero bien montada, en la que con 30 obreros y procesos automatizados daban cuenta de todos los pedidos. Tenían un cuidado esmerado en la calidad, lo que sumado a un buen equipo de mandos intermedios y un sistema de información computarizado, los hacía bastante eficientes.

Sin embargo, otro golpe para la operación llegó cuando el gobierno, además de precios controlados, firmó un pacto económico que impedía subir los precios. Esta prohibición, secundada por la ley, contrajo los mercados y las ventas se vieron disminuidas, lo que terminó de acentuar los problemas de liquidez.

El margen de maniobra era cada vez más limitado y su deficiente servicio a tiendas y cadenas de supermercados empezó a deteriorar la imagen de la compañía y a bajar el estado de ánimo tanto de los dueños del negocio como de su personal.

Éstas fueron las circunstancias que llevaron a Bernardo a plantearle a Gaspar que cerraran la empresa y se dedicaran al negocio inmobiliario con los terrenos que habían comprado gracias a las utilidades obtenidas en la época de la maquila. Sin embargo, Gaspar le insistió en que aún no acabaran con el negocio y le propuso que se dieran un plazo de seis meses para recuperar la salud financiera de la compañía. Fue entonces cuando Gaspar acudió a nosotros.

La vuelta a la crisis

Como parte del diagnóstico, nos dimos cuenta de que el sector en el que participaba la empresa de Gaspar y Bernardo estaba controlado por dos grandes canales de distribución: por un lado estaban las cadenas de autoservicio, que cada vez ejercían más poder en el mercado. Por otro lado estaban los mayoristas y detallistas independientes que seguían teniendo una presencia muy relevante en el comercio al detalle.

Al ser un mercado tan competido, las cadenas tenían que ser cada vez más eficientes y les dejaban a los productores como Gaspar y Bernardo una utilidad cada vez más pequeña. Ello nos dio la pista de la primera clave: era fundamental saber cuándo y cómo comprar a buen precio.

Las materias primas utilizadas por ellos no tenían tanta fluctuación de precios, aunque sí había momentos del año en que era posible comprarlas en mejores condiciones. Aprovechamos esta situación para mejorar el pequeño margen de ganancia que obtenían.

Un segundo punto que advertimos durante el diagnóstico fue la dificultad de acceder a los medios de comunicación para promover sus productos. Sus costos eran impagables para una empresa con recursos limitados.

La comercialización en supermercados dependía prácticamente de ofrecer un buen servicio, definido como la capacidad de atender el anaquel, asegurando que siempre estuviera el producto en su lugar, bien presentado y a un precio competitivo para que el cliente lo comprara. También era muy importante alinearse a las peticiones de las cadenas con promociones, ofertas y apoyos para apertura de tiendas.

Una vez que detectamos lo que estaba pasando, procedimos a mostrarles a Gaspar y Bernardo las situaciones que los habían llevado a ese punto, y la necesidad de cambiar toda la estrategia para darle vuelta a la empresa.

La hora de los abandonos

La estrategia de viraje que ideamos apuntó a centrar sus operaciones en atender cadenas de supermercados, focalizando sus esfuerzos en el mercado de Monterrey. Esto implicó desinvertir en Guadalajara y cerrar por completo las operaciones en la Ciudad de México.

Para ellos fue un duro golpe abandonar la distribución nacional, pero les señalamos que a pesar de que éste era un mercado muy grande, la empresa no tenía capacidad de competir en él de manera rentable.

Les propusimos hacer un plan de servicio en los supermercados, en el que además de promociones y esmerada exhibición de los productos en los anaqueles se colocaran *banners* de información publicitaria que beneficiara tanto al establecimiento como a la marca propia.

Hicimos un trabajo de reestructuración operacional con el fin de lograr mayores eficiencias y reducir gastos fijos. Realizamos varios cambios en la organización y creamos equipos de promotores para atender a las cadenas de autoservicio.

También fue necesario llevar a cabo una reestructuración financiera. Negociamos con los diferentes acreedores para obtener nuevas condiciones en los pasivos.

Además, les sugerimos que acabaran con el modelo de codirección con el que habían operado desde sus inicios. Así, Gaspar, quien siempre había tenido gran fe en el negocio de alimentos, lideró todo el proceso, mientras Bernardo se fue a atender su idea del negocio inmobiliario, manteniendo su acuerdo accionario de ir 50-50% en todos los negocios que emprendieran.

Bajo el liderazgo de Gaspar, tras eliminar el tiempo que les exigía la coordinación entre ellos, se ajustaron los gastos a la nueva dimensión del negocio y se enfocaron a brindar un servicio superior al mercado de autoservicios en Monterrey. La empresa muy pronto empezó a generar utilidades, a recuperar su salud financiera y su capacidad de crecimiento.

Entre las grandes medidas que implementó Gaspar con su gente, buscando concientizarla de la importancia de su trabajo, fue hacer visitas de sus empleados a los anaqueles de los autoservicios. Ellos lograron visualizar el producto exhibido e interactuar con los promotores comerciales en las tiendas. Éstos fueron invitados a visitar la fábrica para que tuvieran una perspectiva realista de la producción y sus retos.

Cuesta arriba

Años después reiniciaron su expansión a nivel nacional logrando posicionarse como una marca reconocida en las cadenas de autoservicio.

En el camino descubrieron la enorme fertilidad de su línea de chiles en polvo que se desprendió como un negocio independiente,

convirtiéndose en líder a nivel nacional. Hoy, esta compañía es una multinacional, la cual encabeza el mercado en esta categoría en México, Estados Unidos, Centroamérica y Sudamérica.

El proyecto inmobiliario que emprendió Bernardo también fue muy exitoso, así como otros negocios que llevaron a cabo con el apoyo de socios industriales.

REFLEXIONES

Cuando una empresa crece privilegiando el incremento de las ventas y el aumento de tamaño, es decir, centrada en el volumen y la expansión geográfica, es común que lo haga a costa de perder calidad, servicio y rentabilidad. El orgullo que representaba para Gaspar y Bernardo ostentarse como “distribuidores nacionales” los llevó a diluir sus energías y a convertirse en un competidor marginal.

Cada mercado demanda una atención específica para ser conquistado. El mercado de autoservicio exigía un esmerado servicio de anaquel y la alineación de sus proveedores a los requerimientos promocionales. Cuando identificamos esas variables clave de preferencia y evaluamos posibilidades, nos dimos cuenta de que sólo acotando su alcance geográfico, era posible crecer competitivamente.

El primer gran acierto fue el acuerdo entre los socios para que cada uno de ellos ejerciera su liderazgo de Dueñez en donde prefirieran: Gaspar en el negocio de alimentos y Bernardo en el negocio inmobiliario.

El rediseño del modelo de negocio exigió una nueva manera de entender la sinergia. Antes veíamos como atributo el esfuerzo de coordinación con la llamada telefónica diaria y la junta semanal entre los socios; luego la sinergia descansaba en el liderazgo operacional de Gaspar y en la rápida alineación de la gente a su cargo en la planta y en la distribución.

Para iniciar el viraje se requirieron recursos que fueron tomados de las desinversiones del capital de trabajo, de los activos de las plazas que abandonaron y de los nuevos préstamos que consiguieron como fruto de la reestructuración de la deuda. En la reducción de personal Gaspar se quedó con los mejores elementos.

El viraje no es volver atrás,

es un golpe de timón

hacia una mejor ruta.

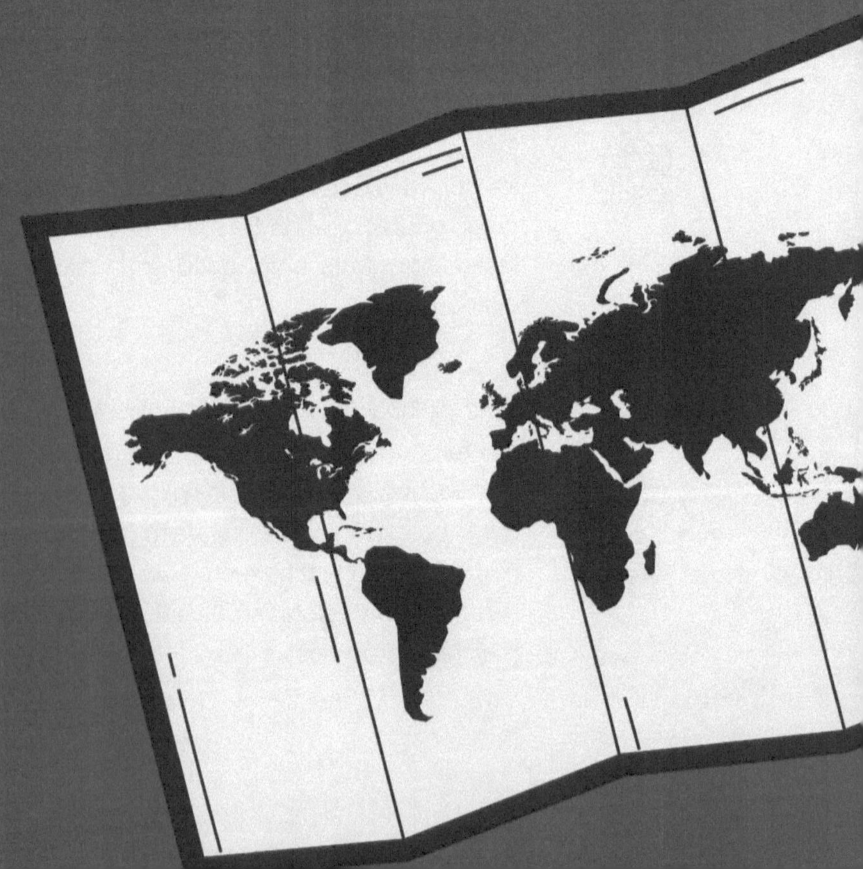

5

LA NUEVA CARTA DE NAVEGACIÓN

La estrategia de viraje está orientada a rescatar la capacidad de creación de valor y posibilitar la permanencia de la empresa en el largo plazo. Nos lleva a descubrir nuestra nueva carta de navegación.

Es un proceso en el cual el líder tiene que demostrar capacidad de cuestionamiento, de análisis y de síntesis. Es él quien tiene que decidir si hay jugada, si hay cancha, si hay espacio y en qué mercados, en qué segmentos están los productos, servicios o fórmulas de negocio en los que nos vamos a enfocar.

Tan importante es el diseño estratégico como la implementación efectiva. Las buenas estrategias pueden hacerse malas por una implementación deficiente. Con frecuencia buenos proyectos resultan inefectivos, no porque así lo hayan sido implícitamente, sino por la manera en que son ejecutados.

¿QUÉ ES LA ESTRATEGIA DE VIRAJE?

Podemos definir la estrategia de viraje como un paquete de medidas relevantes y coherentes que logren resolver de raíz los problemas de fondo del negocio y recuperar su capacidad de crear riqueza.

Para diseñar nuestra estrategia debemos basarnos en el análisis y las opiniones de todo el equipo. Serán ellos quienes visualicen las oportunidades, evalúen, sopesen todas las alternativas y generen una hipótesis de solución.

Esta solución debe contener cuatro o cinco grandes jugadas de cambio. No es un libro abierto lleno de posibilidades, lo que necesitamos es alineación y coherencia en el conjunto de esas jugadas. Por ejemplo, cristalizar alianzas estratégicas, llevar a cabo fusiones o adquisiciones, vender alguno de los negocios o paquetes de acciones del grupo, cerrar una planta o reducir a la mitad las tiendas que se tienen.

Estrategia de viraje

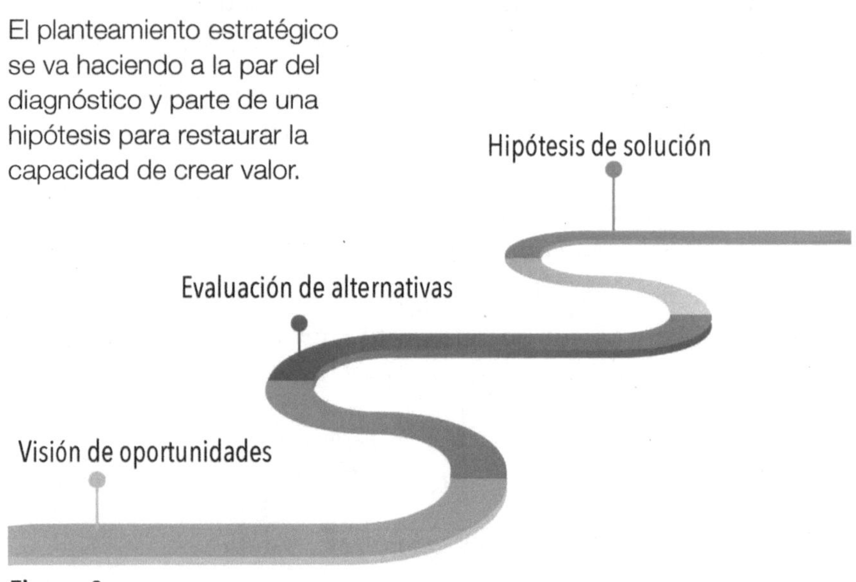

Figura 9

Fuente: Elaboración propia, 2022.

La estrategia de viraje es un proceso que implica abandonos que casi siempre resultan dolorosos. Posiblemente tenemos que despedir a la mitad de los colaboradores, cerrar almacenes, eliminar productos que nos han dado satisfacciones, renunciar a mercados en los que hemos permanecido mucho tiempo. Por más que duelan, estos abandonos son determinantes si queremos salir triunfantes del proceso.

En muchas organizaciones tenemos la cultura de mantener nuestro equipo humano hasta el final, sin embargo, es preferible que la empresa continúe viva con la mitad de los trabajadores que irnos al fondo con el cien por ciento de ellos.

Debemos afrontar con valentía nuestra nueva realidad. Si nuestra estrategia actual necesita reinventarse, si encontramos que el negocio es otro, todo tiene que cambiar. Sólo podremos lograrlo si conseguimos que nuestra gente clave supere la inercia, que reme con nosotros y no en contra de la corriente, para lograr reconstruir todo el quehacer empresarial.

FACTORES CLAVE EN EL DISEÑO DE LA ESTRATEGIA

Relevancia y coherencia

Las cuatro o cinco jugadas que hayamos elegido tienen que ser relevantes, con un impacto grande en los resultados y, sobre todo, tienen que ser coherentes entre sí.

No podemos tomar medidas en las que una sea la antítesis de la otra. Por ejemplo, decir que vamos a incrementar las ventas dando más crédito y al mismo tiempo bajar a la mitad nuestras cuentas por cobrar. Esas medidas podrán ser relevantes, pero no son coherentes, no es viable hacer ambas al mismo tiempo.

Aprovechar a nuestra gente / escuchar

Es prioritario involucrar a las personas de la organización en el proceso, permitiéndoles que aporten sus ideas sobre la nueva estrategia. Es vital saber escucharlas, muchas de ellas pueden darnos conceptos interesantes. Quizá no coincidan del todo con los nuestros, pero hay que tomarlos en cuenta y analizarlos.

Es mejor decidir rápido que decidir perfecto

El equipo de viraje debe elaborar, tan rápido como sea posible, una primera apreciación del diagnóstico y una hipótesis del camino a seguir. No debemos esperar que todos los detalles estén perfectos porque ante situaciones adversas el tiempo suele estar en contra. La experiencia demuestra que para quien conoce su negocio es mejor decidir rápido y, en caso necesario, corregir el rumbo, que estar dilucidando si el diagnóstico y plan de acción son los ideales.

No atarse, cambiar lo que se tenga que cambiar

Lo más importante es entender que el negocio pasado ya no es. Éste es quizás uno de los aspectos más complejos del viraje, nos cuesta trabajo soltar nuestras fórmulas de negocio, más cuando fueron exitosas. Hay que cambiar lo que se tenga que cambiar, sea lo que sea, los socios, el producto, el mercado, la tecnología.

Ejercer la Dueñez con fuerza

Teniendo en cuenta el complejo entorno global que nos ha dejado la pandemia por covid-19, los negocios requieren de dueños más valientes y atrevidos. La crisis que vivimos pasará, la miraremos desde el futuro, y seguramente veremos persistir a los empresarios más innovadores y decididos.

Una compañía cae en crisis cuando la situación que enfrenta es tan complicada que la rebasa. Ésta puede superarnos cuando no contamos con líderes con la suficiente habilidad para hacer los cambios necesarios con el fin de asegurar su continuidad, o cuando en la cima no hay quien enfrente la realidad como viene y no aproveche el estrecho margen de acción que la situación le brinda.

La falta de Dueñez genera un vacío de poder en las altas esferas de mando de una organización, haciendo que ésta se pierda en una confusión de propósitos y actividades que la dispersan y debilitan. Ejercer la Dueñez con fuerza y con determinación forma parte de los rasgos del líder de viraje. No hay mucho tiempo para contemplaciones.

No podremos concentrarnos sin abandonar

Cuando tomamos decisiones relacionadas con concentrar nuestra energía en ciertos espacios del mercado, en ciertos productos, en ciertas partes de la organización, en ciertas prioridades y proyectos, tenemos que identificar qué es lo que hay que abandonar.

Lo que no es medular de aquí en adelante es dispersión, y ésta nos distrae, nos diluye, nos ata, y no nos permite liberar los recursos y el tiempo que requerimos.

Visto el abandono como una oportunidad, se convierte en la principal fuente de recursos de la que podemos echar mano, y hay que hacerlo con determinación.

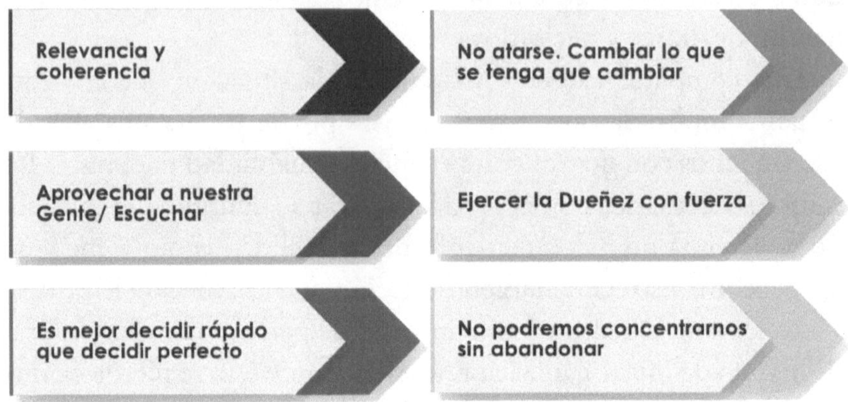

Figura 10

Fuente: Elaboración propia, 2022.

DIAGNÓSTICO Y DISEÑO ESTRATÉGICOS: PROCESOS SIMULTÁNEOS

Para lograr celeridad durante todo el desarrollo del viraje es importante realizar las siguientes actividades:

Presentación a dueños y ejecutivos

La estrategia de viraje, junto con el diagnóstico, deben compartirse con los dueños y ejecutivos inmediatamente se definan, con el fin de revisarlos con ellos y afinar los puntos pertinentes.

Este procedimiento debe efectuarse con agilidad. No se trata de hacer una serie de retiros ejecutivos hasta lograr el consenso con el consentimiento de todos. "El planteamiento es éste, ¿les gustaría ajustar algo?"

Establecimiento de conclusiones y compromisos

Debemos sintetizar la estrategia en acuerdos concretos, que definan lo que vamos a hacer de inmediato. Ya no valdrá relajarse, ni echarse para atrás.

El equipo de viraje debe ser contundente y establecer sus propuestas con firmeza, pero con la apertura y humildad de expresar que no se trata de fórmulas mágicas o infalibles.

Flexibilidad sobre la marcha

La viabilidad del proyecto se percibe cuando transmitimos nuestra confianza de que va a funcionar, dedicando mucha atención a la implementación y a la flexibilidad para hacer las precisiones que se requieran sobre la marcha.

Esta capacidad de ir ajustando el proceso según se requiera será clave en la implementación del viraje. Siempre será bueno informar a los involucrados cada vez que hacemos un cambio relevante en la estrategia.

Planteamiento de las condiciones de éxito del proyecto

Nunca el viraje será un cambio sencillo. Siempre habrá dolor y controversia. Necesitamos el apoyo de todos: confianza de los dueños, apertura de los directivos, humildad de los líderes anteriores, apoyo de los *stakeholders*, paciencia de los acreedores, empeño de los colaboradores.

Además de todas éstas, la condición primordial será siempre la credibilidad en el líder de viraje y en su capacidad de lograr su cometido. En él todos han de poner sus esperanzas de que llegaremos al otro lado.

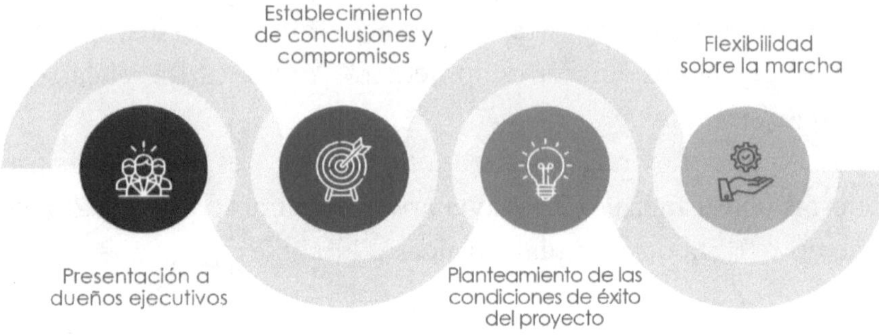

Figura 11

Fuente: Elaboración propia, 2022.

CASO SERVICIOS ADUANALES ESCALANTE

Este caso nos muestra que los cambios abruptos en el entorno nos llevan a reflexionar sobre la necesidad de rediseñar nuestras fórmulas de negocio: reinventarnos aprovechando nuestras experiencias y retarnos a buscar nuevos caminos de liderazgo competitivo.

Cuando el negocio es otro

Las crisis financieras de nuestros países suelen sacudir a muchas industrias. El impacto generalmente afecta más a unos sectores que a otros. Así ocurrió en México una fría mañana de diciembre, en la que el país despertó con una sorpresiva noticia, que en cuestión de horas estremeció la economía del país.

Una vez más, la devaluación del peso mexicano había dado un fuerte brinco con graves consecuencias: pérdida de poder adquisitivo, hipotecas en riesgo, instituciones financieras en la insolvencia, gran parte de la industria nacional paralizada y empleos perdidos en todos los sectores.

Desde nuestra sede de operaciones analizábamos los distintos escenarios. En general sentíamos que la incertidumbre y la desesperanza empezaban a apoderarse de miles de empresarios e inversionistas habituados a moverse en tiempos de bonanza.

Era evidente que la situación de varios de nuestros clientes se tornaría frágil y que, con seguridad, tendríamos que enfrentarnos de nuevo al reto de rescatar empresas en dificultades, como lo habíamos hecho en oportunidades anteriores.

En particular, una noticia sobre las difíciles circunstancias del sector aduanal nos hizo ver cómo las importaciones se estaban desplomando. Un informe señalaba que más de 1 000 agentes aduanales enfrentarían una incierta perspectiva de futuro.

De inmediato pensamos en José Luis Escalante, un empresario con quien habíamos realizado recientemente un trabajo de visión estratégica de futuro para proyectar el crecimiento de su firma.

El ejercicio con este empresario nos permitió definir con él un ambicioso proyecto de crecimiento plasmado en un plan financiero muy claro. Con lo que acababa de suceder en el país esta claridad se convirtió en nubarrón. Ahora sus retos serían mucho mayores, ya que prácticamente su fórmula de negocio acababa de invalidarse.

En ese momento decidimos proponerle a José Luis hacer un viraje estratégico que lo llevara a reencontrar un nuevo camino de crecimiento.

Este empresario cumplía con la principal condición para iniciar un rescate eficaz: contar con un liderazgo claro, poderoso, respetado por toda la organización. Además, tenía amplio conocimiento del sector y una pasión por el trabajo a prueba de todo. Sin duda, era un hombre que no se dejaba doblegar ante la adversidad.

A los pocos días nos reunimos con él, se mostraba optimista y seguro de poder salvar su compañía: "Pase lo que pase, yo tengo que sacar adelante mi negocio y a eso me voy a dedicar ahora. Este año de crisis será nuestro gran año, vamos a convertir a nuestra empresa en una organización ganadora de clase mundial", nos dijo.

Inicios: crecimiento ambicioso

Servicios Aduanales Escalante había iniciado operaciones en Nuevo Laredo y Mexicali con seis empleados y una oficina para almacenaje y reexpedición de mercancías importadas. En el sector del comercio internacional, José Luis tenía gran experiencia al haberse graduado como agente aduanal y haber trabajado en grandes empresas del ramo durante varios años.

El crecimiento de su negocio se dio rápidamente. En tan sólo tres años de iniciado ya había abierto oficinas en Sonora (México), en Laredo (Estados Unidos) y en el aeropuerto de la Ciudad de México. La compañía se distinguía por ofrecer un servicio confiable, cumplido, apegado a la ley y con buena atención.

Pronto logró contar con más de 500 clientes de diferentes tipos y tamaños. Sin embargo, esta cantidad y variedad se había convertido en su propia espada de Damocles, ya que la organización se desgastaba tratando de darles a todos un servicio confiable y de calidad.

José Luis era un sujeto de inteligencia aguda y no dudaba en usar sus conocimientos para resolver hasta los más complicados problemas de sus clientes importantes, más allá de los temas aduanales.

La solución de infinidad de cuestiones logísticas muy complejas era lo que atraía y retenía a los clientes de su despacho aduanal.

Dificultades sobre ruedas

Durante su proceso de crecimiento adquiere una línea de transporte, con oficinas en las mismas ciudades en las que operaba su negocio principal. Sin embargo, al salir de su zona de dominio enfrentó enseguida los problemas que tenía ese sector: tráileres volcados, robados, problemas con los choferes, robo de llantas y de diésel, entre muchos otros.

Sumado a estas dificultades, los servicios aduanales ofrecidos por esta empresa no se traducían en utilidades, debido a los gastos operativos tan elevados y a la falta de conciencia financiera de los gerentes de las diferentes oficinas.

Al convertirse México en uno de los socios comerciales estratégicos de Estados Unidos y Canadá, los volúmenes de importación y exportación detonaron la actividad aduanal. Esto favoreció mucho a su empresa, aunque también era evidente la alta competencia que se había creado en el sector. Servicios Aduanales Escalante había pasado a convertirse en un pez más del océano de servicios aduanales.

Poco antes de estas circunstancias fue que José Luis acudió al Centro de Dueñez Empresaria (CEDEM), con el ánimo de crecer como dueño para acompañarlo en el crecimiento y la institucionalización de su organización.

Habíamos trabajado en su primer proceso de planeación estratégica con el apoyo de su equipo directivo. Lo que ni él ni nadie alcanzó a dimensionar fue que tan sólo unos días después el mercado de las importaciones se desplomaría por completo, con lo cual tendríamos que cambiarlo todo otra vez.

La necesidad de rescatar y transformar la empresa era evidente y nuestra propuesta de viraje fue aceptada de inmediato. Esto nos hizo ver la gran capacidad de decisión de José Luis y su apertura a explorar nuevas oportunidades y asumir los riesgos correspondientes.

Las rutas de acción

Fue entonces cuando tuvimos claro que José Luis tenía que desligarse de los pormenores de la operación para asumir el liderazgo de este proceso de renovación. Y que mientras eso ocurría, él tendría que confiar en sus gerentes y personal para que mantuvieran a flote la empresa durante su ausencia.

Acordamos configurar un comité que sesionaría semanalmente y serviría como mecanismo de coordinación entre las diferentes áreas. José Luis les dio a sus gerentes toda su confianza y les pidió que no recurrieran a él, de no ser por algo verdaderamente trascendente. Ellos entendieron la gravedad de la situación y se alinearon cabalmente a su solicitud.

A partir de ese momento lo acompañamos a encontrar una nueva oportunidad de negocio, diseñando cuatro rutas de acción.

La primera consistió en conversar con sus clientes principales: las grandes empresas con operaciones recurrentes de comercio internacional. Esto con el fin de entender sus necesidades y conocer sus planes ante el nuevo modelo económico de México.

La segunda tuvo como objetivo hablar con otros agentes aduanales que se destacaran por su proactividad y su orientación innovadora, con el objetivo de debatir sobre la situación del sector y cómo hacerle frente.

La tercera medida fue buscar un acercamiento con autoridades en México para entender el proceso de apertura comercial y las necesidades y requerimientos del momento ante esta nueva etapa.

Finalmente, como cuarta medida, fue necesario investigar cómo se desarrollaban los procesos de apertura comercial de otros países, haciendo énfasis en la comprensión del comercio internacional de Estados Unidos con México.

Dos meses después de viajes y conversaciones, encontramos importantes hallazgos:

- Con el proceso de apertura comercial, iniciado muchos años atrás, las importaciones y exportaciones entre México y Estados Unidos serían cada vez mayores, y no se llevarían a cabo de la misma manera que se había hecho hasta ahora.
- En Estados Unidos los servicios aduanales habían sido incorporados como procesos de sofisticadas soluciones logísticas que habían surgido a partir de grandes empresas de transportes. Así, había florecido una nueva industria de operadores logísticos que daban una solución integral a clientes con necesidades de exportación o importación que se hacían cargo de la mercancía desde su origen hasta su destino.

- Los operadores logísticos incorporaban carga, transporte, almacenaje, trámites aduanales, seguros, información y optimización del capital de trabajo.
- Por último, el hallazgo más importante: en ese momento no había en México ningún operador logístico nacional.

Con esta información, José Luis tomó la gran decisión de enfoque: dejar de ser agente aduanal para convertirse en el primer operador logístico México-Estados Unidos.

De la idea a la realidad

Sin duda la disponibilidad al cambio es otro de los requerimientos de un buen líder de viraje, y José Luis lo tenía claro. No sólo estaba convencido de que ahora su negocio era otro (prestar servicios de logística internacional). También sabía que debía avanzar rápidamente y con máxima flexibilidad para modificar toda su compañía.

Su empresa dejó de llamarse Servicios Aduanales Escalante, para convertirse en Logistics Master, con lo que rápidamente se posicionó en el mercado de las grandes empresas con necesidades recurrentes de comercio internacional.

El grupo abandonó más de 90% de sus clientes, conformado por operaciones pequeñas y ocasionales, para concentrarse en la atención de sólo 40 clientes grandes que requirieran un servicio integral. El negocio ahora sería resolverles todas sus necesidades en materia de logística.

Organizacionalmente se tomó la decisión de continuar con el proceso de empoderamiento de los gerentes para que José Luis pudiera ejercer su rol como presidente y director general. En esta nueva etapa sus tareas se enfocaron en la innovación constante, el trabajo visionario, la sistematización de sus operaciones, el aseguramiento de la calidad del servicio al cliente y el rediseño organizacional.

Hoy en día, después de este proceso de viraje estratégico, Logistics Master maneja miles de millones de dólares anuales en valor de mercancías. Actualmente cuenta con inversiones en nuevos almacenes además de los ya existentes.

La voluntad y determinación de José Luis al realizar el proceso le permitió dar el gran paso de una empresa pequeña y con poco futuro a una organización valorada hoy en muchos millones de dólares.

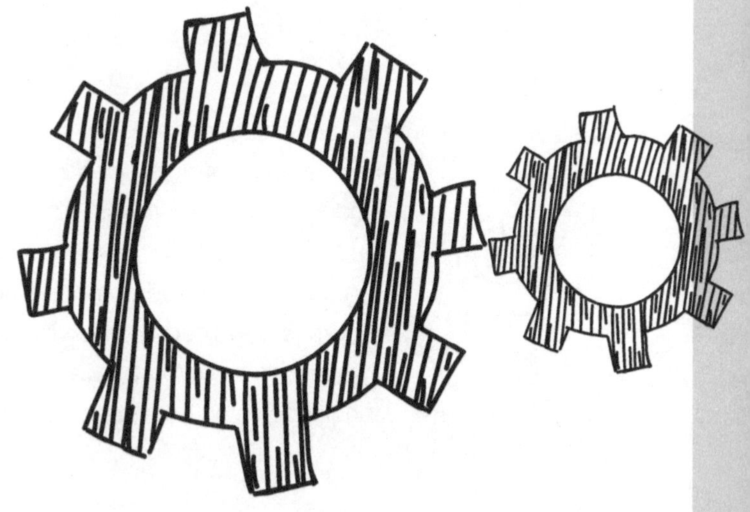

REFLEXIONES

Servicios Aduanales Escalante era un negocio desenfocado, disperso, sin posibilidades interesantes de creación de valor. La crisis económica lo hizo evidente y colocó al dueño ante la necesidad de hacer cambios radicales.

Las empresas acumulan conocimientos y experiencias que desde otras perspectivas y momentos pueden ser recicladas y darnos acceso a grandes oportunidades como lo fue en este caso. Servicios Aduanales Escalante, sin saberlo hasta entonces, había ya realizado operaciones logísticas complejas, por su gran vocación de servicio.

Cuando los negocios atrapan a sus líderes en las tareas operativas, no los dejan observar qué está sucediendo a su alrededor. Es tarea de los líderes desarrollar la sensibilidad ante el mercado, atentos a las tendencias, dialogando con clientes sobre sus necesidades y proyectos.

El reenfoque estratégico implica tomar decisiones de concentración y abandono. Sin este último, podemos quedar en la ilusión del reenfoque, atrapados en la inercia de lo que hemos hecho. La rápida alineación de comportamientos, procesos, recursos e indicadores es vital para que la nueva fórmula de negocio pueda capturar todo su potencial de valor. Este caso nos lo demuestra.

Cuando se trata de transformarlo todo, como fue el caso del Logistics Master, se requiere de un líder muy poderoso, dispuesto a tomar decisiones valientes, atrevidas, visionarias y a ejecutarlas de una manera rápida y contundente, como sin duda lo hizo José Luis.

Este caso nos muestra cómo una crisis que pone en duda la continuidad de una empresa, ante cambios abruptos en su entorno, nos lleva a una reflexión profunda para un rediseño de experiencias y retándonos a buscar nuevos caminos de liderazgo competitivo.

Sólo con mente clara y voluntad férrea podemos reconstruir la capacidad de crear valor en situaciones críticas.

6

IMPLEMENTACIÓN DEL VIRAJE

La etapa de implementación es un proceso que debe llevarse a cabo de manera ágil y flexible; actuamos rápido, vemos el resultado y el impacto, y si no funciona hacemos ajustes al plan con la misma celeridad.

La velocidad con que logremos pasar de la planeación a la acción es definitiva para el éxito del viraje. El líder del proceso o el interventor del mismo debe tener la habilidad para visualizar e implementar el plan de reestructuración integral del negocio, con el fin de sanear la compañía y rescatar su capacidad de crear valor.

¿Qué aspectos se deben tener en cuenta para lograr la ejecución estratégica del plan?

El primero es tener claro que las empresas rara vez se estancan o atoran por causas externas. Las crisis corporativas ocurren por descuidos de años que se acentúan en momentos de estrechez económica y de entornos turbulentos que, simplemente, hacen más evidentes esas debilidades organizacionales que ya estaban ahí.

El segundo es concientizarse de que toda ejecución estratégica de un plan de viraje trae consigo abandonos dolorosos: abandono de negocios, de productos, de mercados, de estructuras, de gente, de instalaciones, de prácticas organizacionales, etcétera. Por esta razón, en la etapa de implementación el líder de viraje tiene que ser capaz de realizar esos cambios drásticos, bien y rápido.

Éstos por lo común van en sentido contrario a lo que históricamente ha prevalecido en la organización.

El tercero es contar con una visión de mucho empuje y de compromiso absoluto con el resultado. Diferentes estudios han encontrado entre los rasgos de los líderes de virajes exitosos la capacidad de impactar favorablemente la cultura y el clima organizacional.

¿Cómo podemos mantener el optimismo de la gente que se queda, si a su alrededor lo que ve son sólo planes de austeridad y compañeros que son despedidos?

El estado de ánimo, la confianza en la capacidad del líder, el afán de logro y la orientación a la acción inyectan en el equipo humano entusiasmo para continuar. Asimismo, favorecen la concentración de sus energías y esfuerzos en la realización de acciones de alto impacto para mejorar los resultados en poco tiempo.

Al implementar el proceso es importante lograr que los sobrevivientes sean innovadores y entusiastas, lo cual exige una elevada dosis de liderazgo. Ése es el arte del líder de viraje: tomar a la gente que queda y convencerla de que es ganadora y de que tendrá éxito. Deben creer que se han quedado para alcanzar el logro y no para el fracaso, aunque todo a su alrededor les diga lo contrario.

Sólo los líderes muy seguros de sí mismos, con una gran determinación y empuje, son capaces de volver a considerar las alternativas, comprometerse con una de ellas y convencer a su gente que por ese camino van a salir adelante.

IMPORTANCIA DEL *TIMING* EN LA EJECUCIÓN

El *timing* puede ser la clave para que el proceso de implementación sea exitoso. De la misma manera que *cash is king*, también *time is king*. A veces es preferible una decisión imperfecta, pero ejecutada con agilidad, que una perfecta decisión tardía.

La capacidad de respuesta no depende de lo que pase o pueda pasar, sino de lo que hagamos al respecto. Lo que vayamos a llevar a cabo tenemos que ejecutarlo con mucha agilidad.

No es solamente un tema de reloj, de que el tiempo corra con celeridad. El asunto aquí es de agarrar tracción ante el equipo y ante los *stakeholders*, es decir, hay que crear la impresión de que, a pesar de las circunstancias, seremos capaces de transformar la situación en poco tiempo. Ganar credibilidad es esencial para atraer la buena voluntad de todos los involucrados.

ETAPAS EN EL PROCESO DE IMPLEMENTACIÓN

La implementación del viraje se desarrolla en tres etapas: en la primera los nuevos liderazgos toman el control de la empresa; en la segunda se estabiliza la crisis y en la tercera se trabaja en rescatar la capacidad de crear valor. Es en esta última donde se implementa el plan de reenfoque que se acordó en el diseño de la estrategia, los cambios organizacionales que sean necesarios contemplar, las mejoras en los procesos críticos y la reestructuración financiera.

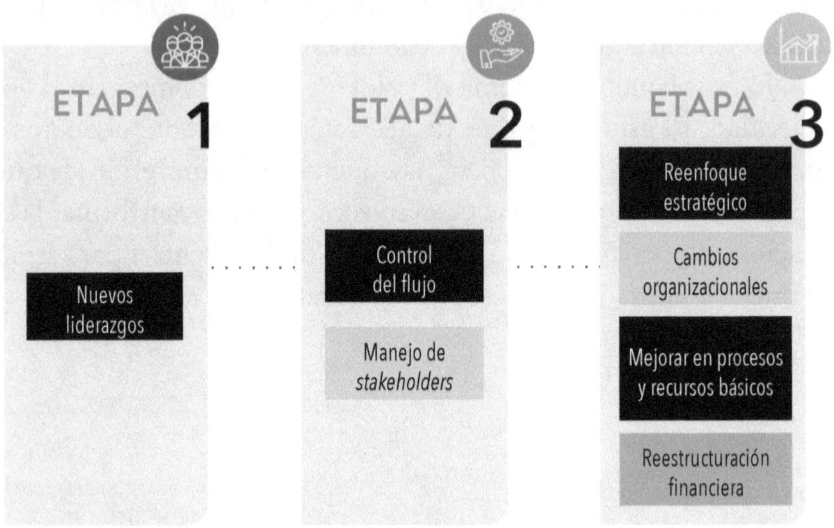

Figura 12

Adaptado de Slatter *et al.* (2006).

A continuación explicamos en qué consiste cada una de ellas.

Tomando el control

Esta primera etapa implica hacerse del timón, teniendo en cuenta que los mecanismos para lograrlo deben contemplarse desde el inicio del proceso y que son los nuevos liderazgos los que han de asumir el poder para efectuar los cambios.

Estos mecanismos son las primeras acciones que permiten tomar el mando sobre la marcha de la operación. Implican un manejo sutil y sensible de los movimientos organizacionales, evitando todo aquello que pudiera generar más nerviosismo e inseguridad.

NUEVOS LIDERAZGOS:

Las anteriores acciones deben ejecutarse para propiciar que los nuevos líderes tomen las riendas y sean vistos por los colaboradores como el equipo que nos rescatará del naufragio. Es el líder de viraje, junto con sus colaboradores, quien habrá de desarrollar las soluciones y guiar a su empresa a puerto seguro. Él debe ser capaz de encontrar serenamente el camino e impregnar a su organización del necesario sentido de urgencia. No puede perder tiempo, sobre todo si su empresa ha caído en enfermedades comerciales o financieras severas.

En esta instancia ya no es conveniente consensuar las acciones que vaya implementando el líder de viraje, es él quien tiene asignada la responsabilidad, y cuando ya está en escena hay que dejarlo trabajar. Por eso es tan importante elegir bien, porque con él nos vamos al éxito o al fracaso.

Estabilización de la crisis

En la estabilización de la crisis hay dos aspectos fundamentales: el control de flujo y el manejo de *stakeholders*.

CONTROL DE FLUJO DE EFECTIVO:

Todos sabemos que en el manejo de una crisis lo más importante es tener liquidez, *cash is king*, dicen los estadounidenses. Tenemos que cuidar la tesorería con esmero, y para lograrlo hay que controlar el gasto. Éste tiene que bajar al nivel del ingreso, si se redujo al 50%, es necesario reducir el gasto a ese nivel lo más pronto posible.

Muchos empresarios ponen resistencia a la medida de bajar el gasto al mínimo, piensan que esto significa desmantelar la mayor parte del negocio. Para que esto no ocurra hacemos un análisis integral con el fin de no acabar con el esqueleto operacional ni con el músculo competitivo, pero la grasa tiene que desaparecer toda e, incluso, parte del músculo.

Seguramente un considerable número de empresas que efectúan un viraje saldrán de esta situación de un menor tamaño del que tenían anteriormente; es lo que en Estados Unidos se conoce como *downsizing* (reducción de talla). Pero no necesariamente el tamaño mínimo es el más adecuado. Más bien se trata de encontrar el *rightsizing* (tamaño correcto), que corresponde a la dimensión óptima para competir y lograr la rentabilidad.

¿Cómo controlamos el gasto? Lo hacemos con presupuestos detallados y minuciosos de ingresos y erogaciones.

En este sentido, ¿por qué deben hacerse presupuestos a 13 semanas? Hay mil teorías sobre las razones, pero a través de diversas experiencias se ha encontrado que el plazo debe fijarse en semanas, no en meses, y que 13 semanas es un lapso adecuado para ir maniobrando. Durante este periodo es necesario meterse a fondo en el detalle financiero para hacer un presupuesto de flujo.

Debemos tener presente que este control de flujo no es un presupuesto de estado de resultados, ni de pérdidas y ganancias (PyG). Es un presupuesto de flujo que implica resolver a fondo los problemas de liquidez, manejando las cuentas por cobrar con agresividad, los inventarios con mesura y las cuentas por pagar con mucha capacidad de negociación. En estos tres terrenos suele haber buena parte de la solución del flujo de efectivo.

Una vez que se rediseñan los criterios de gasto y de inversión de acuerdo con el *rightsizing* y con las nuevas fórmulas de negocio, se renegocia todo lo que sea necesario, ése es el control del flujo.

MANEJO DE *STAKEHOLDERS*:

Identificar cuáles son los interesados clave en nuestro proceso de viraje y cómo gestionarlos es uno de los elementos fundamentales durante el proceso de estabilizar la crisis.

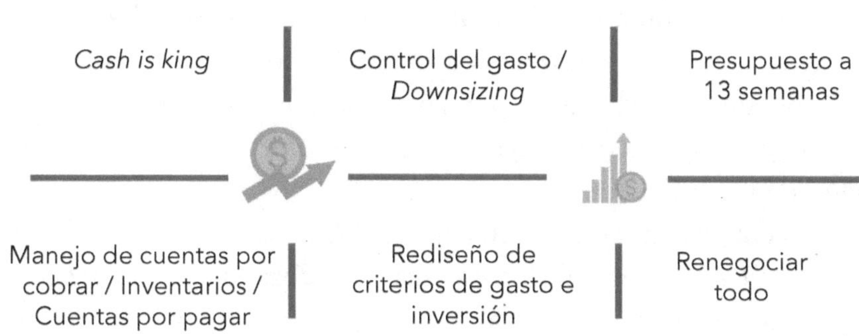

Figura 13

Adaptado de Slatter *et al.* (2006).

En este sentido, es muy importante que el líder de viraje se haga los siguientes cuestionamientos que le ayudarán a definir el camino a seguir con cada uno de los interesados:

- ¿Qué derechos creen tener?
- ¿Qué derechos realmente tienen?
- ¿Qué interconectividades hay (si las hay) entre ellos y cuáles consideran que son los asuntos clave?
- ¿Cuáles son las opciones que tenemos para ellos y para la empresa?
- ¿Cuáles son sus opciones realistas?
- ¿Cuáles son las alternativas de la empresa?
- ¿Cuál es el alcance de la empresa como jugador clave o como influente en la toma de una u otra opción?

Una vez que se han identificado nuestros interesados clave, debemos establecer qué medidas legales es necesario tomar. Si se requiere llegar a concurso mercantil, o a suspensión de pagos, si necesitamos poner otras barreras para que algunos de esos interesados, por ejemplo bancos o acreedores, no logren penetrar hacia nuestros activos, antes de intentar un proceso de negociación.

La relación con todos los *stakeholders* es muy importante. La imagen de la compañía y su futuro está en sus manos. La delicada relación con ellos amerita echar mano de todos los instrumentos que podamos, incluyendo una comunicación esmerada, gestiones de negociación bien manejadas y, en caso extremo, hasta la mediación de terceros.

Sucede con frecuencia que el peso de la imagen pública inhibe la capacidad de negociación con los acreedores: no se negocia para no verse mal, cuando hacerlo es un legítimo recurso de la empresa en dificultades.

Pasamos a la tercera etapa de la implementación del viraje, en ésta es donde realmente está la creatividad del proceso. Recordemos que no es un remate de activos, es una fase en la que reconstruimos un futuro promisorio para la empresa.

Manejo de *stakeholders*

Figura 14

Adaptado de Slatter *et al.* (2006).

REENFOQUE ESTRATÉGICO:

El eje en el diseño del reenfoque estratégico radica en revisar la propuesta de valor que podemos configurar con los elementos disponibles. Ésta debe tener una diferenciación poderosa para lograr acceder a un mercado que nos permita aspirar a desarrollar un buen negocio. Estamos a la búsqueda de una cancha de liderazgo competitivo que valga la pena explotar.

La propuesta de valor a buscar debe ser totalmente diferente e innovadora para hacer creíble que la empresa podrá reencontrar el camino del liderazgo competitivo. Los segmentos del mercado habrán de ser lo suficientemente fecundos para propiciar el crecimiento y la escalabilidad suficiente.

El reenfoque estratégico comprende varios elementos que en su conjunto ayudan a volver a encontrar formas efectivas de crear valor. Esta parte del proceso es muy importante porque la organización estará viviendo momentos de pesimismo, y hablar de crear valor puede sonar iluso.

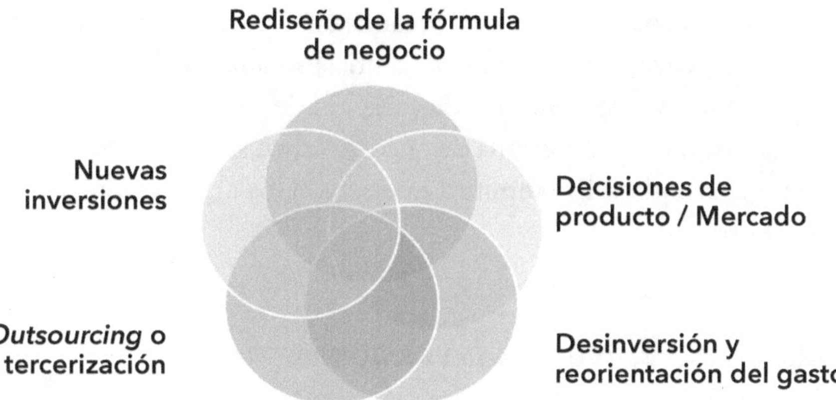

Figura 15

Adaptado de Slatter *et al.* (2006).

A continuación describimos cada uno de los elementos que se muestran en la figura 15.

Elemento 1: Rediseño de la fórmula de negocio

Éste constituye la gran diferencia entre rescatar la empresa para que siga flotando o reconstruir el bote para volver a ganar regatas.

Rediseñar es reinventar, es crear una nueva hipótesis que tendrá que validarse. Es la apuesta por una nueva propuesta de valor en la cual la empresa pueda construir un liderazgo que incluye: el mercado meta al que va dirigida; la definición del producto o servicio y sus atributos; la estrategia de diferenciación; el posicionamiento a construir; los nuevos sistemas de actividades, y los procesos y recursos críticos con que operan.

Esta nueva fórmula también debe cuantificarse en los aspectos económicos: qué volumen de mercado puede capturar, cuáles son los precios, costos, márgenes, inversiones y rendimientos esperados.

Seguramente la mezcla de binomios producto-mercado variará, y la nueva combinación tal vez resulte en una nueva definición de negocio. Este trabajo visionario demanda evaluar muy bien los recursos y capacidades de la organización para hacer una buena elección. No se trata de salir de la crisis solamente, lo que buscamos son los nuevos caminos de creación de valor.

El rediseño de la fórmula de negocio es, en sí mismo, un método de tal profundidad y amplitud que rebasa los alcances propios de este libro.

Elemento 2: Nuevas inversiones

En muchas ocasiones el nuevo enfoque demandará realizar nuevas inversiones que retarán al equipo de viraje a ser creativo y hábil para conseguir esos recursos que pueden venir de las siguientes fuentes:

- Aportaciones adicionales de los socios
- Fondos que se liberen fruto de los abandonos de mercados, productos, procesos y activos del negocio
- Inyecciones de capital de nuevos socios
- Nuevas líneas de crédito que puedan obtenerse
- Negociaciones con clientes y proveedores

En periodos de crisis muchos suelen pensar que no es posible obtener nuevos recursos. La creatividad y la recursividad del líder de viraje consiste, justamente, en partir de la idea base de que sí se puede.

Hemos visto renegociaciones verdaderamente extraordinarias en todos los rubros de esta lista. Casi siempre se requieren recursos adicionales. Casi siempre se pueden conseguir.

Elemento 3: Decisiones de producto / mercado

Al definir la nueva fórmula de negocio tendremos elementos para elegir la mezcla de productos y mercados en la que nos vamos a concentrar. Paralelamente, esta elección nos dará la claridad para tomar las decisiones de abandono de los productos y mercados en los que no tiene sentido permanecer.

Estos abandonos se convierten en fuentes de recursos para la nueva apuesta y necesitamos crear proyectos sólidos que nos lleven a rescatar las inversiones que hemos hecho.

Es crucial redescubrir la vocación de la empresa en cuanto a la creación de valor y elegir las mejores oportunidades donde concentrar los recursos.

Elemento 4: El *outsourcing* o tercerización

En el nuevo planteamiento el equipo de viraje también debe decidir qué procesos conviene que la empresa siga manejando internamente y cuáles es más conveniente que los realice un tercero.

Queremos construir fórmulas de negocio ganadoras. Apoyarse en procesos de *outsourcing* y alianzas nos permite sumar las mejores soluciones disponibles y reducir nuestras necesidades de inversión. Al negociar estas alianzas debemos ser cuidadosos en no perder el control estratégico al compartir el negocio.

Elemento 5: Desinversión y reorientación del gasto

Una vez que tenemos la nueva apuesta de fórmula de negocio, el equipo de viraje debe hacer una revisión escrupulosa de todos los activos con que cuenta la empresa. La prioridad es deshacernos con agilidad de todos los activos improductivos que no estén alineados con el nuevo proyecto.

Estos activos se convierten así en fuentes de recursos muy importantes para apuntalar las nuevas inversiones, reducir los pasivos y tener mayor margen de maniobra.

De igual manera hay que proceder con los gastos, eliminando todos aquellos que no se justifiquen ante el viraje, asegurándonos de emplear los recursos financieros de manera adecuada en lo que sea más relevante.

Aunque la austeridad en el viraje es un valor muy importante, la empresa no debe escatimar en gastar donde sea necesario hacerlo. Es aquí donde el líder de viraje aplica su capacidad visionaria para reconstruir la lógica de creación de valor y la perspectiva financiera de su manejo.

Esto no tiene que ver con un tema de cómo ahorro o de entender cómo gasto menos o de partir de los esquemas financieros existentes. De lo que se trata es de reinventar todo el negocio, incluyendo sus finanzas.

Por ejemplo, si la nueva fórmula de negocio se enfoca en construir un esquema más orientado a la comercialización, pues es obvio que los gastos de venta serán ahora mucho mayores que en el pasado. Este atrevimiento de plantear un modelo en el que hay que gastar mucho más en lo comercial es parte esencial de la visión del viraje.

Igualmente, si en el nuevo concepto de negocio la distribución jugara un papel fundamental, cabe la posibilidad de tercerizar este proceso o de invertir en las partes de la cadena de distribución que sustenten nuestra diferenciación. Aunque antes nuestros activos en este rubro fueran casi cero, si ahora el éxito depende de esas inversiones, no nos debemos detener en hacerlas para impulsar el viraje en esta dirección.

Si en este camino al líder de viraje le tiembla la mano, o la voz, a la hora de planear nuevos campos de gasto o de inversión, su fórmula de negocio se quedará corta y fracasará.

CAMBIOS ORGANIZACIONALES:

En nuestra experiencia, cuando encontramos a las compañías con problemas, o con bajo rendimiento, suele presentarse una estructura organizacional confusa, un aparato gerencial paralizado, una fuerte dosis de resistencia al cambio y un equipo de colaboradores desmoralizado.

Es por lo anterior que, además de las gestiones pertinentes en las estrategias de negocio y en el manejo financiero, son varios los cambios que generalmente tienen que hacerse en el terreno organizacional.

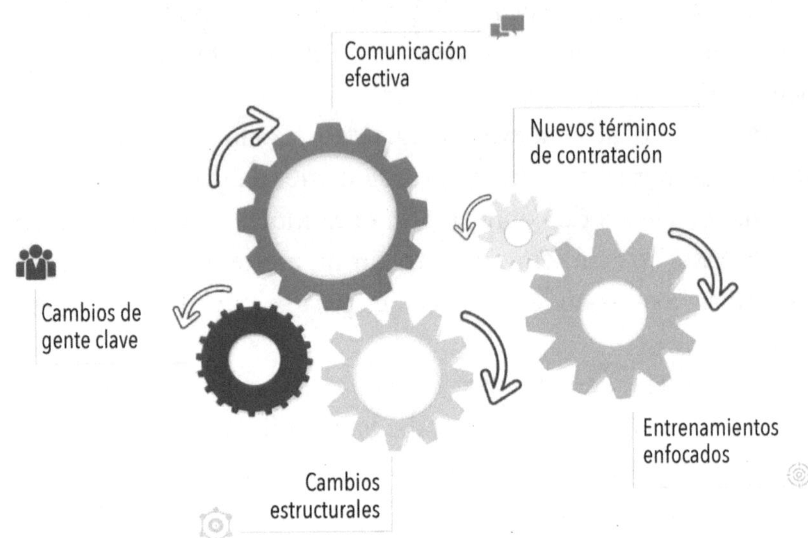

Figura 16

Fuente: Elaboración propia, 2022.

CAMBIOS EN LOS LIDERAZGOS:

Como siempre hemos advertido, ninguna transformación relevante puede desarrollarse en empresa alguna si sus líderes no son capaces de concebirla y llevarla a cabo. Si seguimos con los mismos líderes, los resultados serán similares a los anteriores.

Ya sabemos que podemos contemplar varias fórmulas: un asesor acompaña al empresario a desarrollarse el viraje, se contrata a un interventor que lidera el proceso de rescate, o se contrata a un líder de viraje, que junto con el director general diseña e implementa la estrategia.

CAMBIOS DE GENTE CLAVE:

Además de las posiciones en la cima, también suele requerirse que revisemos si los personajes que ocupan los cargos más relevantes tienen el perfil necesario para sacar adelante la empresa.

A veces encontramos que personas que fueron muy valiosas en tiempos de auge o de mayor estabilidad, en momentos críticos no tienen lo que hace falta para enfrentar situaciones complicadas con recursos escasos.

CAMBIOS ESTRUCTURALES:

Frecuentemente en el proceso es necesario rediseñar el organigrama, eliminando y fundiendo departamentos y puestos, simplificando la organización, siempre buscando bajar el gasto sin dañar la capacidad de servicio y la eficiencia operativa.

RENEGOCIACIÓN DE CONDICIONES DE TRABAJO:

Durante el periodo crítico, en que hay que efectuar cambios duros y dolorosos, los fondos suelen ser insuficientes para sostener niveles de ingreso similares a los de otros tiempos.

Estos momentos no son los mejores para lograr una total coherencia en los sistemas de retribución. Nos toca negociar y ajustar uno por uno, y a fin de cuenta todos, los niveles de remuneración que con realismo podemos pagar. No importa tanto el pasado, sino asegurar la capacidad de subsistencia.

En estas temporadas difíciles les toca a los ejecutivos mostrar su solidaridad con la institución en la que laboran. En justicia, la empresa habrá de compensar estos sacrificios de algún modo cuando la salud financiera se restablezca.

NUEVOS TÉRMINOS DE CONTRATACIÓN

Igual que quienes gozaban de buenos sueldos y prestaciones verán ajustados sus niveles de ingreso, los nuevos ejecutivos que sea urgente contratar durante el viraje tendrán que aceptar trabajar, por un determinado periodo de tiempo, bajo remuneraciones inferiores a las que podrían recibir en tiempos normales.

Éstas son las circunstancias en las que la capacidad de negociación ha de emplearse al máximo, y quienes acepten esas condiciones deben saber en qué se están metiendo, no es correcto engañarlos ni pintarles circunstancias irreales.

Puede ser que las estrategias de negocio surgidas del plan de rescate demanden capacidades nuevas que en ese momento sean inexistentes en el equipo humano. Las formas de adquirir conocimiento y capacidades diferentes habrán de ser muy creativas y económicas, dada la escasez de recursos.

MEJORA EN PROCESOS CRÍTICOS Y RECURSOS BÁSICOS

Muchos procesos son subadministrados por falta de enfoque. Sin embargo, en el ámbito del viraje no tratamos de hacer planes de reingeniería. No hay tiempo para eso.

En estas transformaciones rápidas tenemos que hacer brincos de rendimiento en los procesos críticos y recursos básicos que demande el proyecto. Identificarlos y apuntalarlos es parte medular en la implementación y tarea de todo el equipo que participa en el reenfoque estratégico.

Tampoco hay espacio para instaurar sistemas complejos de mejora continua. La gestión se aboca con agilidad a detectar esos procesos críticos y esos recursos básicos y a optimizar su rendimiento con formas muy pragmáticas.

REESTRUCTURACIÓN FINANCIERA

En épocas de crisis, los negocios no solamente disminuyen su valor, muchos de ellos enfrentan tales problemas que naufragan y dejan de existir, o terminan siendo una pequeña sombra de lo que llegaron a ser.

Este naufragio muchas veces es causado por la incapacidad de gestionar adecuadamente las finanzas de la empresa. Suele suceder durante el hundimiento que se pierda presencia en el mercado,

Mejora de procesos críticos y recursos básicos

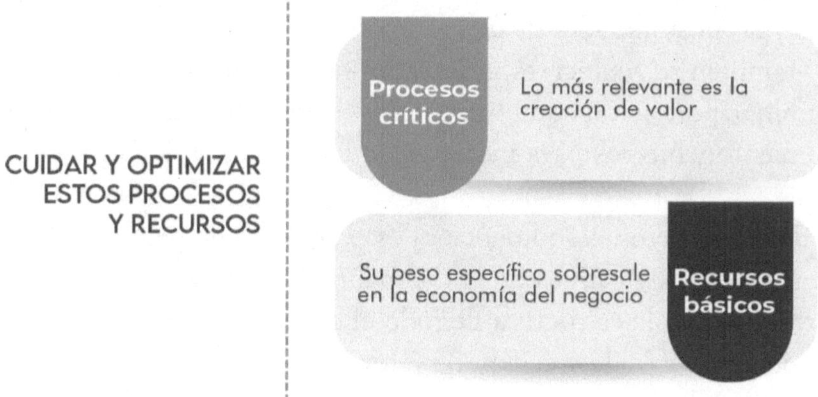

Figura 17

Fuente: Elaboración propia, 2022.

se reduzca la capacidad de generar flujos, se incurra en incumplimiento de pagos y se ahogue en sus compromisos financieros. Todo esto puede asfixiar la operación y desgastar a la organización hasta llegar a la imposibilidad de mantenerse a flote.

El agobio a veces es tan grande en momentos críticos que se confunde el fondo de la problemática. A veces se acude a "expertos en rescates financieros" que sólo se enfocan en estos temas y que no son capaces de reconstruir la capacidad de crear valor.

Es crucial visualizar cuál es la fórmula de negocio de manera integral, y determinar cómo restaurar la posibilidad de explotarla a cabalidad. Es difícil analizar estos temas cuando pensamos que sólo queremos flotar y llegar a la orilla.

Mejorar la salud financiera y quedar en una posición competitiva débil con lo cual se carcome el potencial de creación de valor es un contrasentido. ¿Para qué luchar por sobrevivir si al final quedaremos fuera de la liga ganadora?

Es necesario que esta visualización sea casi caleidoscópica para así poder mirar, desde todos los ángulos, dónde se construye y destruye valor; cuáles son las áreas de oportunidad más fecundas;

en qué parte del mercado podemos reconquistar el liderazgo; qué es lo realmente rescatable y cuáles son las condiciones de viabilidad y las posibilidades de negociación.

También se requieren habilidades financieras sólidas para determinar puntos de equilibrio, necesidades adicionales de financiamiento y medios para incrementar la capacidad de pago, entre otras.

La reestructuración financiera es el proceso de recomposición de los pasivos y activos de la compañía. El camino es remodelar o reacomodar la estructura de todo el balance financiero con una visión sostenible de creación de valor.

A final de cuentas, las empresas en dificultades no suelen quebrar por inviabilidad; quiebran por falta de liquidez. Por lo tanto, en esta remodelación aplica el principio básico que mencionamos previamente: *cash is king*. Es decir, la liquidez es prioritaria para poder operar con soltura y agilidad.

Entonces, lo primero que debemos buscar es cómo minimizar las necesidades de capital de trabajo, mejorando el ciclo financiero, prolongando pagos, acelerando cobros, minimizando inventarios, renegociando cartera.

Al abordar el rediseño de las deudas, la idea es cambiar pasivos no favorables por otros que sí lo sean. En general se trata de sustituir las deudas que tengamos por otras donde podamos mejorar plazos y tasas de interés, optimizar las condiciones de pago, liberar garantías y, en general, desahogar el flujo de fondos a corto y mediano plazos.

En este asunto de la renegociación de pasivos la credibilidad, la capacidad de negociación y la comunicación son virtudes clave. También lo es la honestidad y el manejo transparente de información.

La recomposición de los activos es otra parte de la reestructuración. Habrá algunos de ellos en los que podremos desinvertir y convertirlos en efectivo, o en moneda de cambio para pagar pasivos o para adquirir otros activos.

El propósito en cada reacomodo de activos puede ser la generación de liquidez o la construcción o fortalecimiento de las nuevas o perdurables fórmulas de negocio. Si no hemos llegado al extremo de la liquidación, el sentido estratégico de estos ajustes o reacomodos es primordial.

En la implementación de estrategias de viraje la gestión de procesos de reestructuración financiera es una pieza clave. Hay que ser muy cuidadosos para que, al hacerlo, las negociaciones estén encausadas hacia el encuentro de caminos eficientes y viables de creación de valor.

Generalmente esta parte tiene que ver con procesos difíciles de renegociación, bien sea con instituciones financieras, con otros acreedores o con los mismos accionistas. Por lo que es vital aliviar la carga de la insolvencia y la falta de liquidez.

La nueva estrategia financiera debe alinearse con el proyecto de rediseño estratégico para asegurar el éxito del plan de viraje.

FACTORES CLAVE DE LA IMPLEMENTACIÓN

Para la exitosa implementación del viraje hay aspectos particularmente importantes que debemos tener en cuenta:

Claridad de visión

El equipo de viraje siempre debe tener visible el camino a transitar. Este camino es una apuesta sustentada en una visión de recuperación y crecimiento que surge en la etapa de diagnóstico y que se va actualizando conforme avanzamos y descubrimos cómo hacerla mejor.

La apuesta a realizar debe convertirse en prioridades estratégicas para todos los miembros de la organización, con las que todos

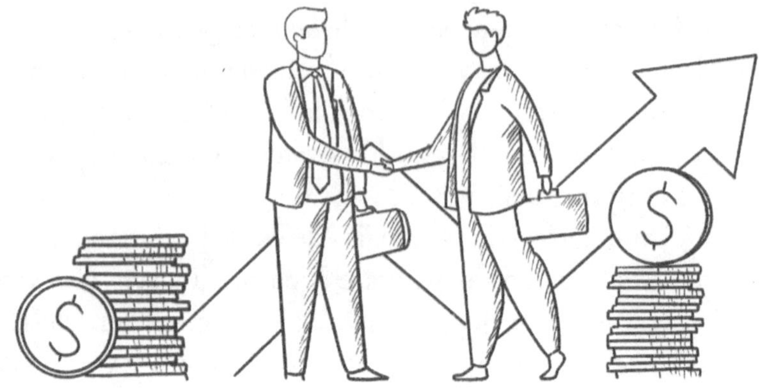

se alineen para garantizar una ejecución eficaz y los mejores resultados.

Es como si el líder tuviera muy claro a dónde quiere llegar, pero teniendo en cuenta que, a medida que avanza por un camino sinuoso, es posible que se presenten algunos cambios. Lo mismo pasa en las carreras de grandes trayectos a campo traviesa: los pilotos ya han trazado una ruta, pero si en el camino encuentran variantes mejores deben seguir su instinto.

Nuestra organización no sólo responde a los cambios de dirección del líder. Para que nos sigan con la agilidad que buscamos necesitamos comunicarnos muy bien, de forma clara y rápida. Aquí la confianza en él es vital para que todos se muevan velozmente y así se aproveche el atajo que se ha encontrado.

Flexibilidad para hacer ajustes

El equipo de viraje debe mantener de manera constante una disposición a cambiar lo que sea necesario, privilegiando la oportunidad sobre el objetivo. Es decir, si en la ruta de implementación surge una oportunidad que amerite un replanteamiento de la estrategia de viraje, sin titubeos reorientamos la marcha en ese sentido, generando las prioridades de esta nueva ruta.

La flexibilidad es un valor esencial durante el proceso. Nuestro equipo siempre estará conformado por gente ágil para hacer variaciones imprevistas y por otros más lentos y rígidos que no saben salirse del guion. El truco del líder es aprovechar a los ágiles y con ellos hacer los movimientos; los otros, aunque se queden atrás, ya se alinearán.

Programación y seguimiento estrecho

Asegurar la exitosa implementación de los proyectos de viraje exige un trabajo disciplinado de programación. Durante este proceso es necesario administrar con cautela los recursos disponibles y los tiempos de ejecución, para no crear expectativas infundadas o ingenuas.

Asimismo, por parte del líder de viraje y de los líderes que le reportan se requiere un monitoreo permanente de los avances y una retroalimentación oportuna para asegurar los mejores desempeños y para hacer los ajustes necesarios.

Este monitoreo, tal como un cuartel de mando en el frente de batalla, se realiza cuando el líder de viraje convoca a su equipo a revisar avances y dificultades y a tomar decisiones sobre la marcha.

Exigencia y disciplina en el cumplimiento

Una estrategia de viraje implica romper inercias, crear nuevos hábitos, actualizar paradigmas, eliminar tolerancias, elegir enfoques distintos, abandonar prácticas. Hacer todo esto es imposible sin un liderazgo decidido que marque el nuevo camino y exija de toda la organización una alineación cabal a la que todos los colaboradores se unan.

Los líderes de viraje esperan que sus colaboradores se destaquen por su temple y nervios de acero, y por ello suelen hacerles rigurosas exigencias que no son normales en los momentos de estabilidad de su organización. Como los comandos cuando se enfrentan a unidades guerrilleras en el campo o a células del narcotráfico en la ciudad, una vez iniciada la misión no hay marcha atrás, por más adversa y crítica que sea la situación.

Aprovechar a los que sí aportan

La experiencia en la implementación de procesos de cambio profundos ha demostrado que no todos los colaboradores se suman de igual manera. En toda organización hay gente con mayor apertura de mente y disposición al cambio. Es labor del equipo de viraje identificarlos rápidamente para involucrarlos en los proyectos; después se sumarán otros funcionarios y finalmente habrá algunos que no quieran o no puedan cambiar y tendremos que cargar con ellos o separarlos de sus puestos.

Los primeros seguidores de los planteamientos del líder se vuelven, por lo tanto, casi sublíderes, que inducen a mover a los demás a emprender la acción. Su ejemplo aporta energía a la línea de mando. Es vital reconocerlos para propiciar la ejecución inmediata de las decisiones.

Comunicación constante

En los procesos de rescate de negocios se genera incertidumbre y muchas veces los involucrados se pierden o les gana la duda y el temor. Sin quererlo, las personas que caen en estos comportamientos reducen las capacidades de cambio e incluso pueden boicotear las medidas que se busca implementar.

Para persistir en el proyecto de viraje y actualizar la visión y prioridades es muy importante mantener debidamente comunicados a todos los involucrados, llámense socios, consejeros, familiares, directivos, colaboradores y *stakeholders* en general. Pero para esto es necesario definir qué se va a comunicar y con qué frecuencia a cada uno de estos actores. De esta manera podemos incidir en su comportamiento y en sus expectativas para tenerlos de nuestra parte.

Los líderes de viraje tienen que imaginar que están navegando en un mar turbulento rodeado de tinieblas y que su organización necesita sentirse segura por donde va. Al líder le toca convertirse en sus ojos, calmando y serenando a los involucrados con información clara y concisa, con explicaciones contundentes, con palabras de aliento. En cada movimiento hay que transmitir seguridad y confianza.

Claves en la implementación del viraje

Figura 18

Fuente: Elaboración propia, 2022.

CASO GRUPO ESTRELLA

Este caso narra la historia de un importante grupo familiar que cae en una situación de crisis por no actualizar sus prácticas de gestión. De pronto quedó atrapado en paradigmas que en su tiempo fueron exitosos y en un proceso sucesorio que llevaba ya décadas de retraso.

También revela cómo el potencial de una estructura gerencial desaprovechada puede ser un factor decisivo en la recuperación de la organización durante el proceso de Viraje, y convertirse en uno de los ejes de transformación de la empresa.

El precio de la dispersión

En Latinoamérica los empresarios hemos tenido que convivir con cambios abruptos en las políticas gubernamentales, lo que sin duda ha llevado a nuestros negocios a enfrentar tiempos de bonanza alternados con tiempos de crisis.

El Grupo Estrella, líder en el Perú en la distribución de marcas extranjeras de productos y accesorios para diversas industrias y mercados, no fue la excepción.

El negocio fue concebido por don Gerardo Flores a su regreso de sus estudios en Estados Unidos. Visualizó que había una oportunidad en adquirir la representación de marcas internacionales diversas para explotarlas en su país.

Lograr la distribución en exclusiva o tomar la delantera en su comercialización le dio todas las ventajas para conformar un grupo importante. La diversificación de productos y mercados en sus primeros años de operación hizo posible generar una facturación que soportara montar una organización robusta.

Con el paso de los años, esta compañía tendría que destacarse por su capacidad de gestionar con eficiencia las particularidades de cada una de las líneas de negocio, pero no lo logró del todo.

Entrega de la batuta

Fuimos convocados para apoyar la transición de poder del fundador, don Gerardo, a su hijo mayor, Joaquín, quien quería aprovechar el buen momento del país para hacer realidad su visión de crecimiento. Como primer paso propusimos conocer la situación de los negocios.

La familia propietaria de Grupo Estrella gozaba de mucho prestigio en el mundo empresarial en la región. Don Gerardo, fundador del grupo, era hijo de una pujante mujer polaca que había llegado al país huyendo de la guerra. Estudió su carrera y su maestría en la Universidad de Harvard y a su regreso se casó con la hija de los dueños de los ingenios azucareros más grandes de Perú. De este matrimonio nacieron tres mujeres y dos varones, el mayor de los cuales era Joaquín.

Don Gerardo, de 74 años, seguía como presidente del grupo, ejercía su liderazgo con un estilo centralizador y se resistía a entregar el mando de la compañía. Le reportaban su hijo Joaquín como vicepresidente, un gerente general y cinco gerentes divisionales. Él consideraba que ninguno de sus hijos, ni directivos, tenían las facultades para reemplazarlo. Grupo Estrella había crecido convirtiéndose en uno de los grandes conglomerados de Perú, con presencia en otros países de Sudamérica.

Joaquín estudió en universidades estadounidenses y tenía un negocio propio relacionado con la producción y exportación de frutos rojos.. Desde joven se involucró en el grupo familiar pasando por todas las divisiones. Tenía tres años ocupando la vicepresidencia, encargándose de proyectos, manejando la relación con las marcas principales y dando apoyo al gerente general.

Se había preparado para suceder a su padre y se encontraba estresado y desmotivado por no saber con certeza cuándo podría asumir el mando del grupo.

La visión era alcanzar un mayor crecimiento y expansión, aprovechando las facilidades que otorgaba el gobierno para importar y exportar bienes y servicios. Sin embargo, nos llamó la atención que el grupo enfrentara graves dificultades financieras en un entorno próspero y de gran apertura económica.

En este contexto, lo más relevante del caso era que su fundador no tenía conciencia de que había varios peligros rondando su negocio y que, al parecer, había malos resultados de los cuales él parecía ser responsable.

Coherentes con su visión de arranque, Grupo Estrella era una compañía distribuidora de una gran cantidad de marcas internacionales, incluyendo maquinaria agrícola, equipo para la construcción y agencias automotrices. El grupo contaba con más de

2 000 empleados, 15 sucursales en su país y presencia en Colombia, Ecuador y Bolivia. La división agrícola se encargaba de exportar jengibre, espárrago y aguacate a los mercados de Estados Unidos y Europa.

En resumen, la diversidad los había convertido en gigantes dentro de su país.

Nuestros primeros encuentros se realizaron en la lujosa sala donde habitualmente se reunía la junta directiva de la empresa. Estaba en el segundo piso de un complejo empresarial ubicado en el mejor sector de Lima.

Para nuestra sorpresa, el mayor problema de la empresa no era la sucesión del poder o los conflictos entre hermanos que ese proceso había desencadenado. Al meternos de lleno a examinar sus finanzas y negocios, nos percatamos de que había un problema financiero grave que de no corregirse podría atentar contra la continuidad del grupo.

La caída de un emporio

Los estados financieros del último año mostraban ventas por cerca de 500 millones de dólares con pérdidas de 13 millones, y los resultados del primer trimestre vaticinaban que en el año en curso las pérdidas se acrecentarían significativamente.

Ante este escenario, les propusimos dejar de lado temporalmente el plan de sucesión y emprender un proyecto de viraje que saneara la compañía.

Si bien en un principio se mostraron incrédulos, porque estaban cegados por los éxitos pasados, el diagnóstico realizado y presentado a la familia y principales ejecutivos no dejaba ninguna duda de la compleja situación financiera que atravesaban y de la inminente necesidad de hacer cambios radicales.

Entre los hallazgos encontramos que el problema principal era la sobreinversión, que se manifestaba en altísimos inventarios, además de una organización ineficiente, con un personal poco productivo y un área de sistemas costosa e ineficaz.

En todas las áreas había exceso de gasto, burocracia, demasiado personal, falta de sentido de urgencia, desánimo y dejadez, reuniones improductivas y falta de exigencia.

El inacabado proceso sucesorio había generado un vacío de Dueñez en el grupo. Don Gerardo ya no ejercía un mando poderoso, Joaquín no lo tomaba y el equipo gerencial estaba paralizado dentro de esa dinámica de poder. Todas las decisiones seguían pasando por su filtro.

La empresa contaba con una junta directiva integrada por hijos de amigos de don Gerardo. Era una junta simbólica en la que se citaba a sus miembros a escuchar las decisiones que tomaba el veterano empresario.

Al analizar a fondo la manera como se conducían los negocios, descubrimos que a pesar de ser don Gerardo un hombre sagaz, los dirigía bajo viejas fórmulas. Éstas se reflejaban de forma evidente en su afán por acumular inventarios, de querer controlarlo todo, de tomar decisiones en solitario y de sobreproteger a sus colaboradores.

Lo primero que propusimos fue llevar a cabo un redimensionamiento de la empresa que contemplaba reestructurar la organización, disminuir la planta de personal, reducir gastos y liquidar inventarios. La empresa estaba dispersa. Habían dejado de manejar con eficacia el abanico tan grande de marcas, productos y mercados.

Inicialmente, don Gerardo no se veía convencido con el plan de salvamento propuesto, a pesar de haber sido informado por nosotros de la gravedad de la situación.

Cuando se lo presentamos, se mostraba desconfiado, pero como buen hombre de negocios, al ver las pérdidas reveladas en el diagnóstico y la contundencia de nuestra presentación, accedió a iniciar con los primeros pasos.

La búsqueda de las herramientas

Al tener luz verde, empezamos a movernos rápidamente. Teníamos una lista con 120 empleados identificados como poco productivos y empezamos las gestiones para desvincularlos de la compañía. Esta primera decisión, aunque acertada desde el punto de vista del proceso, se convertiría en una verdadera prueba de fuego para ganarnos la confianza del fundador.

El despido masivo de personal coincidió con una incapacidad médica de don Gerardo que lo alejó de la empresa 10 días. Acostumbrado a ejercer el poder y estar informado de todos los movimientos en la empresa, no le gustó la acción y decidió tomar cartas en el asunto, recontratando a su regreso a algunos de los ejecutivos que habían sido separados.

Estábamos trabajando con Joaquín y con el gerente general en el plan de reestructuración de las divisiones cuando vimos pasar frente a nosotros a uno de los gerentes que habíamos despedido, quien al vernos reunidos esbozó una sonrisa burlona.

Más tarde, esa misma mañana, llegó don Gerardo. De mal humor y sin decir nada, nos llamó con la mano para que ingresáramos a su oficina. Nos convocó a una reunión extraordinaria junto con el gerente de recursos humanos y el director financiero. Todo parecía indicar que nuestra primera decisión de viraje había sido la última.

Al entrar a su oficina lo vimos iracundo y moviendo la cabeza. Se le notaba que tenía todas las ganas de despedirnos. La sala estaba tensa.

—Ustedes despidieron a mucha gente. Y como pudieron notar, regresé a varios, nos dijo casi sin abrir la boca para luego hacer una larga pausa y preguntarnos cómo y por qué habíamos tomado esa decisión.

Manejamos la situación con calma y explicamos el análisis realizado. Habíamos entrevistado gerentes, estudiado números y hablado con el jefe de cada uno de los empleados despedidos. Le comprobamos que conservaríamos a las personas más capaces, aun sabiendo que en muchos casos la división a la que pertenecían iba a desaparecer.

—No me gusta despedir gente —dijo el empresario con voz profunda—... ¡Pero me gusta menos perder dinero! —agregó.

Sabiendo que aún teníamos 400 empleados adicionales por despedir de acuerdo con el plan de reestructuración, acordamos con don Gerardo notificarle sobre cada persona que saldría de la compañía. Y teníamos un tema más por abordar, un asunto delicado: el gerente burlón que él había recontratado.

—Lo regresé porque compró mucho inventario. Lo tiene que vender —nos dijo.

Con lo que él no contaba era que dentro de nuestro plan de reestructuración habíamos diseñado un departamento para vender los inventarios estancados de todos los negocios. Y así se lo hicimos saber.

Resolver el tema del gerente burlón era clave para el proceso de viraje y necesitábamos apuntalar nuestra autoridad en la empresa. Para liderar el viraje teníamos que ser vistos con respeto y empezar con el pie izquierdo nos hubiera obligado a hacer el trayecto cuesta arriba por el resto de las decisiones difíciles que debíamos tomar.

De esta manera, decidimos de forma tajante volver a despedir a aquel gerente de la sonrisa esbozada. Si bien la situación fue tensa, a partir de ese momento el personal de la empresa se dio cuenta de que el proceso iba en serio y todos se alinearon a nuestro plan.

Depurar para repuntar

La siguiente decisión fue la de depurar líneas de negocio. De las 14 grandes familias de productos con las que contaba la compañía, nos quedamos con siete, las más competitivas. En algunos casos lo que hicimos fue juntar familias para compactar la organización. Pusimos al frente de su comercialización a nuestros mejores gerentes.

Continuamos desinvirtiendo en inventarios, oficinas y personal. Acto seguido atendimos el endeudamiento. Para poder hacerlo, solicitamos a don Gerardo que le hiciera un préstamo personal a la empresa para que se le pudiera pagar a los bancos. Él aceptó sacar de sus ahorros 12 millones de dólares, con el compromiso de que la empresa se los devolviera en un plazo razonable.

Con el personal empujando en la misma dirección que nosotros, nos concentramos en sacarles provecho a las ventajas competitivas de la empresa.

Una de las jugadas que más rentabilidad nos dio fue impulsar la venta de maquinaria agrícola especializada en la que el Grupo Estrella era el único autorizado para su importación. Con esos dineros tuvimos margen de negociación para financiar una millonaria venta de camiones destinados al transporte público.

Continuamos con la reestructuración organizacional de todos los negocios e implantamos una nueva metodología de trabajo orientada a que toda la empresa se enfocara en la creación de valor, obteniendo extraordinarios resultados y una renovada actitud en todo el personal.

Con todas estas medidas logramos revertir la tendencia negativa de la compañía. Después de seis meses de iniciado el viraje, la empresa empezó a ganar dinero.

El país tuvo en aquellos años un importante crecimiento, lo que definitivamente había beneficiado nuestro viraje. En Perú había en ese momento demanda de carreteras, de producción agrícola y de bienes de consumo, así que fue posible montarnos en esa nueva curva de crecimiento.

Don Gerardo se había recuperado de sus padecimientos. Joaquín había ganado mucha confianza en el rumbo de la empresa y tomaba cada vez más decisiones. El gerente general y las gerencias de las unidades de negocio, con quienes habíamos hecho un gran equipo, tenían claridad del camino a seguir. La situación que atravesamos modificó el ejercicio del poder en el grupo.

El proceso de viraje duró cerca de un año y don Gerardo quedó tan conforme con nuestro trabajo que nos solicitó que continuáramos por un año más. Luego nos contactaron para continuar el proceso de sucesión que habíamos dejado pendiente.

Al finalizar el viraje y retirarnos de la empresa, la dejamos en una situación financiera desahogada con varios millones de dólares de utilidades.

REFLEXIONES

Los procesos sucesorios suelen generar un vacío de liderazgo, en tanto una generación cede el mando y la otra lo asume. Cuando estos procesos se dilatan en el tiempo, exponen a las empresas a situaciones de riesgo que pueden atentar contra su continuidad, como ocurrió en este caso.

Toda empresa debe actualizar sus prácticas de gestión, adecuándose a los paradigmas vigentes y atreviéndose a incursionar en las nuevas formas de hacer negocio.

En el despido, recontratación y nuevo despido de aquel gerente burlón se dio a conocer la contundencia de la argumentación del equipo de viraje y se probó la disposición de don Gerardo al cambio.

El Grupo Estrella era una organización compleja por la diversidad de negocios y de geografías en que operaba y era fundamental contar con el compromiso de todo el equipo directivo para llevar a cabo la reconversión que se requería.

La disposición de don Gerardo como dueño a capitalizar la empresa con recursos personales fue decisiva para el éxito. Nos permitió tener margen de maniobra al inicio del proceso.

La situación de crisis generó un pacto tácito entre don Gerardo y sus hijos para recuperar la salud financiera del grupo y su viabilidad, para luego retomar el tema sucesorio con todas las inquietudes que ya había desatado.

"Esto no se acaba hasta que se acaba".
Yogi Berra

7

CIERRE DEL VIRAJE

El cierre del viraje es la etapa definitiva para culminar de manera exitosa el proceso. Los empresarios que les han dado la vuelta a sus negocios saben que la situación exige un esfuerzo extraordinario por parte de toda la organización, cuyo resultado no sólo debe ser salir de la crisis, sino también el de rescatar la capacidad de crear valor y contar con un camino de viabilidad hacia el futuro.

El líder de Dueñez ha de reconocer que a partir de este momento la organización debe estar bajo la conducción de un equipo conformado por nuevos liderazgos, ya no de crisis, sino orientado al crecimiento. Y el líder de viraje habrá también de reconocer que su tarea ha concluido.

Para tener la certeza de que hemos llegado al final de este proceso debemos garantizar la resolución de los tres aspectos que describiremos a continuación.

RESOLUCIÓN DE FONDO DE LA CRISIS Y SUS CAUSAS

El líder de viraje debe garantizar a la organización que las causas de fondo que motivaron la crisis deben estar resueltas en su totalidad.

Y de esta manera tener el convencimiento que éstas no van a volver a presentarse.

Esta postura debe comunicársele al líder de Dueñez, porque existe evidencia de que muchas empresas que han logrado salir de crisis profundas vuelven a caer en los mismos errores del pasado al no erradicar sus anteriores conflictos.

CONDICIONES DE GOBERNABILIDAD APROPIADAS PARA SALIR ADELANTE

Entendemos por condiciones de gobernabilidad la capacidad que tiene la empresa de continuar tomando decisiones ágiles y acertadas una vez finalizado el viraje.

La gobernabilidad debe estar presente en toda la cadena de mando y en especial por el líder de Dueñez. Necesitamos un líder fuerte en el que confiemos para conducir la empresa a buen puerto. Esto se debe hacer con decisiones cada vez más alineadas conjuntamente con un equipo que pueda hacer cuestionamientos, pero sin olvidar que será el líder la única persona que decida sobre el nuevo rumbo de la empresa.

El proyecto de viraje habrá demandado modificaciones en todo el sistema de gobierno que, al entrar de nuevo en etapa de normalización, tendrá que ser rediseñado atendiendo las nuevas prioridades.

Por eso al concluir el proceso el líder de Dueñez debe revisar los cambios que se requieren en esas estructuras, liderazgos y relaciones en el gobierno de la empresa. Esto incluye la selección del nuevo CEO y el rediseño de su consejo para complementar al líder con los talentos que requiera para la nueva etapa a construir.

REENCUENTRO DE LA RUTA DE CRECIMIENTO DE VALOR

Superar la situación de viraje exige que ya contemos con una ruta de crecimiento de valor cimentada en renovadas fórmulas de negocio sostenibles y viables.

La conceptualización de esta ruta, los requerimientos para transitarla con éxito y sus implicaciones deben ser comprendidos y aceptados por la organización en su conjunto.

La interiorización de estos tres conceptos por parte del equipo directivo hace posible que el líder de viraje pueda retirarse convencido de que su misión terminó y que ni la organización en sí, ni el equipo con que contaba, van a tener una relación de dependencia con él.

Una vez que hayamos encontrado la nueva fórmula de negocio que nos conduzca al futuro, y que contemos con un sistema de

Figura 19

Fuente: Elaboración propia, 2022.

gobierno eficiente (con un equipo de líderes que haga sinergia), lo que sigue es la optimización de procesos para asegurar la eficiencia operativa; pero esto ya es "harina de otro costal", porque la mejora continua rebasa los alcances del viraje estratégico.

La reingeniería como método de rediseño organizacional centrado en procesos ha intentado sustituir al viraje como camino de rescate de compañías en estado crítico. Muchas empresas han querido salir del estancamiento a través de este método. Pero la experiencia nos ha demostrado que la reingeniería, aun en sus más avanzadas expresiones, nunca tendrá la agilidad y la contundencia de una estrategia de viraje bien implementada.

Generar un nuevo rumbo con la nueva visión a construir

Insistimos en que luego de un proceso de viraje el negocio que tenemos suele ser muy distinto al anterior, bien sea en mercados, productos o servicios o en su estructura organizacional o equipo de gobierno. De tal manera que también habrá que elegir el equipo al cual se le encomienda la tarea de construir esa nueva visión con la que operaremos de aquí en adelante.

Revisar la estructura financiera de la empresa

En la nueva etapa que enfrenta la organización, haya sido o no la situación financiera el detonante de la crisis, es necesario determinar los ajustes o la nueva ruta que requiera la estructura financiera para garantizar su viabilidad presente y futura.

CASO CERÁMICA EUROPEA

Este caso narra la situación de profunda crisis que vivió una empresa próspera debido a la ausencia de diálogo entre los socios.

Si bien fueron muy certeros en la construcción de una fórmula de negocio que les permitió crecer, no tuvieron el cuidado de conversar sobre el modelo de empresa al que cada uno de ellos aspiraba.

Este caso también destaca la relevancia de contar en los procesos de viraje con un soporte legal que posibilite mantener suficiente margen de maniobra para salir adelante.

El riesgo del éxito

Una lluviosa tarde de agosto tuvimos nuestro primer encuentro con Gonzalo Jiménez y Karla Salcedo, socios de un negocio de comercialización de pisos y azulejos que inició en la ciudad de Puebla y creció en varias ciudades capitales de estados de México.

Antes de asociarse, Gonzalo y Karla fueron representantes de ventas de importantes distribuidoras de acabados para la construcción, en donde concibieron un modelo de negocio consistente en crear una cadena de tiendas con materiales de la más alta calidad y una propuesta de exhibición para clientes de alto poder adquisitivo.

Con los ahorros de muchos años de trabajo y el apoyo de sus proveedores montaron la primera tienda. En pocos años establecieron sucursales en las ciudades de Querétaro, León, Guadalajara, Monterrey y la Ciudad de México.

Gonzalo se enfocó en la parte comercial, viajando continuamente a las sucursales, para orientar el trabajo de los gerentes y asegurar así la exitosa cultura de servicio al cliente, que desde un inicio fue uno de los pilares competitivos de Cerámica Europea.

Karla asumió el manejo administrativo y las compras, procurando mantener la mejor relación con sus proveedores para poder lograr buenos descuentos y preferencia en el surtido.

Mirando a Europa

En la búsqueda de líneas de producto altamente diferenciada, hicieron contacto con fabricantes españoles que les dieron representaciones exclusivas. Estas empresas ofrecían financiamiento hasta por nueve meses, amparadas en apoyos gubernamentales proexportación del gobierno español, en un programa denominado Créditos del Rey.

Los productos españoles tuvieron una gran acogida en el mercado y acercaron a proveedores italianos de pisos y de líneas complementarias que fortalecieron la propuesta de valor de Cerámica Europea.

Además, acompañaban la presentación del producto con exhibiciones muy avanzadas. Entrar a sus tiendas era un deleite para la vista. Al cliente se le antojaba recrear esos rincones en su hogar.

La empresa se fortalecía día a día y generaba mucho flujo de efectivo por el amplio financiamiento que obtenía de las líneas de importación.

Con el éxito del negocio y una tesorería holgada, los socios adquirieron un importante terreno en una de las zonas residenciales más exclusivas de Puebla, en donde construyeron sus casas. Compraron también un par de departamentos en Cancún para vacacionar con sus familias.

Su nivel de vida fue creciendo a la par de los resultados del negocio que, sin advertirlo, fue aumentando su endeudamiento, primero con proveedores y luego con bancos, poniendo en aprietos la tesorería.

Discrepancias no ventiladas

Las crecientes dificultades para mantener la liquidez propiciaron que los socios buscaran apoyo externo. En nuestro primer encuentro nos manifestaron su intención de reestructurar financieramente el negocio.

Cuando empezamos a revisar los números identificamos que no eran conscientes de la profunda crisis en que estaban. No habían percibido la gravedad de los problemas financieros, ocasionados por las siguientes causas:

1. Las inversiones inmobiliarias personales se hicieron disponiendo del capital de trabajo de la empresa, por el espejismo

que les produjo el flujo de los Créditos del Rey. Esto mostraba su falta de cultura financiera y la ausencia de un talento en la organización que les advirtiera del error en que estaban incurriendo.

2. El diálogo entre los socios se limitaba a temas urgentes y operativos. En el fondo había una discrepancia muy grande en la visión que cada uno de ellos tenía sobre el modelo de empresa, y en particular sobre la participación de sus hijos en sus negocios.

Karla aspiraba a operar los negocios junto con sus hijos y había logrado incorporar al mayor de ellos como gerente de la principal sucursal en Puebla.

Gonzalo se opuso desde el inicio a esa contratación, pero finalmente cedió ante su socia y en revancha incorporó también a una de sus hijas como gerente comercial. Para él esto no era ideal, pues creía que involucrar familiares en la operación sería conflictivo.

La falta de comunicación entre los socios, el acelerado proceso de crecimiento, la inadecuada gestión financiera, la descapitalización por las inversiones personales y el elevado nivel de vida habían llevado a la empresa a una situación muy delicada.

Así surgieron los problemas de flujo. La empresa tenía elevadas deudas con proveedores, con bancos y con el fisco. La suma del patrimonio empresarial y personal de los socios no llegaba a 40% del monto de los pasivos. Además de las evidentes complicaciones de liquidez, la empresa presentaba también serios problemas de insolvencia.

Nuestra recomendación inicial fue que por ahora dejaran de lado sus discrepancias y se concentraran en salvar el negocio. Era prioritario atender de inmediato la crisis financiera, ya que, de no resolverla, las consecuencias podían ser muy graves.

La vida del negocio estaba en juego. Los proveedores amenazaban con quitarles las distribuciones, el principal de ellos ya hablaba de demandas penales. Su incapacidad de cumplir compromisos financieros complicaba toda la operación.

Construyendo el escudo legal

Nuestra primera decisión fue contratar un abogado que nos ayudara en el caso. Elegimos a un profesional muy experimentado en estos temas, quien pronto diagnosticó la situación y nos propuso una sólida estrategia de defensa legal.

Ésta se basó en abrir un fideicomiso en donde se registraron todos los bienes de los dos socios, desde los costosos apartamentos que habían comprado a la orilla del mar, hasta sus muebles, enseres y desde luego las acciones de su empresa.

También enlistamos los pasivos y mostramos la situación de crisis a los acreedores. El fin de esta estrategia era que los activos estuvieran a su disposición, para que se pusieran de acuerdo en su reparto y de manera proporcional recuperaran sus adeudos.

Sabíamos que lograr avances en las negociaciones de 57 acreedores iba a demorar mucho, y eso nos daría tiempo para recuperar la funcionalidad de la empresa.

Teniendo en cuenta que en México los empleados tienen preeminencia en cobrar sus adeudos, protegimos el plan del fideicomiso con un estado de prehuelga, previamente concertado con ellos y con la ayuda de otro abogado, vinculado a un sindicato, que nos diseñó la estrategia.

De esta manera logramos ponerle el candado a la vía legal para evitar que los acreedores tuvieran acceso al patrimonio de la empresa y de los socios.

Mientras el proceso legal transcurría, tuvimos un primer tropiezo, que fue quedarnos sin abogado. Era tal su reconocimiento público que en ese momento fue nombrado miembro de la Suprema Corte de Justicia.

Con los planos de la estrategia legal sobre la mesa, conseguimos dos abogados de reemplazo. Se trataba de hombres sin mayores pergaminos, pero aguerridos, que nos ayudaron a sortear las dificultades que venían una tras otra.

Con ellos empezamos los procesos de negociación directa con los acreedores y los bancos. Se trató de reuniones difíciles, pero tolerables en principio. Hasta que un día, en uno de esos encuentros, la situación con los socios se tornó incómoda por las amenazas de los abogados.

Nos vimos entonces en la necesidad de aconsejarles a Karla y Gonzalo que mientras lográbamos controlar a los acreedores, era mejor que dejaran de acudir al negocio.

El camino de recuperación

Aunque los socios estaban fuera del negocio temporalmente, mantuvimos con ellos una comunicación fluida para enterarlos de las decisiones que estábamos tomando.

Buscamos conservar la mayor cantidad de colaboradores, pues sabíamos de la enorme calidad del recurso humano con el que contaba la empresa. Abandonamos tiendas que no eran productivas y nos centramos exclusivamente en las de Puebla y la Ciudad de México. Seguimos los procesos de negociación con las fábricas de forma tal que continuaran vendiéndonos material con el fin de poder pagarles las deudas.

Otra decisión fue la de establecer una garantía de pago con las fábricas con las que se tenían mayores compromisos. Esto lo hicimos a través de un documento privado, en el que escrituramos el edificio de la empresa, porque debido al fideicomiso no era posible hacerlo de otra manera.

Lo más importante era poder continuar haciendo negocios con los inventarios existentes. Al contar con 200 000 metros cuadrados de baldosas importadas necesitábamos pensar en abrir nuevas oportunidades de negocio en las que fuera posible utilizar todo ese material.

Teníamos que recuperar la confianza de los proveedores para que continuaran surtiéndonos y de esta manera poder atender las necesidades de los clientes.

Con muchos de ellos fue necesario renegociar los adeudos. Nuestra estrategia consistió en exponerles claramente el actual contexto de la empresa. Nos mostrábamos siempre abiertos a dialogar. De esta manera fuimos ganando tiempo para poder bajar gastos de operación y enfocarnos en las mejores tiendas.

Sin embargo, no todos los acreedores se mostraron comprensivos ante la situación. Algunos exigieron la firma de contratos penales para asegurar los pagos. Con uno de ellos tuvimos que firmar un convenio según el cual, de lo que vendiéramos, 10% quedaba en la empresa y el resto era usado para pagar su deuda.

El nuevo rumbo

Finalmente, de las 20 tiendas que se tenían en un inicio sólo nos quedamos con seis. Dos eran de tipo *outlet*, donde se atendían clientes con presupuestos más bajos, pero con un importante volumen de ventas. Las otras cuatro, al ser tiendas de lujo, consideradas las mejores en ambas ciudades, eran muy rentables.

Orientamos al gerente comercial a que buscara una nueva línea de negocio en la consecución de grandes obras. Así logramos que el gobierno del estado nos contratara para desarrollar proyectos de infraestructura. Vendimos en medio de la crisis más de 22 000 metros cuadrados y con ese dinero liquidamos a algunos de los acreedores del fideicomiso.

Los intentos de embargo se sucedieron uno tras otro, pero con nuestra sólida base legal logramos mantenernos en pie hasta que la situación mejoró ostensiblemente.

Al séptimo mes de comenzar el viraje la empresa reportó utilidades a partir del nuevo modelo de negocio de operación reducida. Y desde ese momento empezó nuevamente a subir la confianza de las fábricas.

No fue posible pagar todo lo que se debía. Muchos de los Créditos del Rey que venían de España fueron liquidados por los seguros europeos. Otros pasivos fueron reducidos o perdonados, pero lo importante es que evitamos lo que hubiera sido una quiebra estrepitosa.

Al resolver las negociaciones con los abogados, Karla y Gonzalo regresaron nuevamente a Puebla para hacerse cargo de sus negocios y de esta manera concluimos nuestra participación.

Cuando los dueños retomaron el control, la empresa había saneado 90% de sus deudas. Si bien contaba con un menor número de tiendas, al reducirlas de 20 a seis, se lograron mayores utilidades al ampliar su línea de ventas a empresas del estado y lograr un reordenamiento financiero.

REFLEXIONES

En este caso se observa cómo la ceguera financiera y la disputa entre socios puede desatender y hacer caer rápidamente en una situación de quiebra técnica a una empresa próspera. Estas distracciones pueden incluso llegar al extremo de perder la viabilidad del negocio, como ocurrió en este caso.

La creación de un fideicomiso como respaldo a la deuda fue una jugada extraordinaria, con la que se logró frenar los avances legales de los acreedores, puesto que eran pocas las opciones que la empresa tenía para responderles y continuar operando.

Los socios pudieron continuar a cargo de sus empresas, ya que a través de los pagos y demás convenios se había logrado librar la mayoría de sus compromisos con los acreedores. Afortunadamente, la devaluación de ese momento jugó a su favor para la reducción de la deuda.

La capacidad que tenía la compañía para ofrecer calidad, la buena reputación con la que contaba públicamente y su buen equipo de ventas permitieron continuar creando valor a partir del mismo negocio, pero con una visión más amplia, que fue la de diversificar sus ventas al sector público.

Se destacan como puntos clave de la estrategia de viraje: lograr siempre negociaciones directas con los acreedores, advertir rápidamente cuáles eran las partes salvables de la compañía, cerrar las tiendas improductivas y redimensionar la empresa para encontrar un nuevo modelo de negocio, mucho menor pero válido.

Una dificultad grande consistió en convencer a los socios de que debían entregar en parte de pago unas propiedades que significaban para ellos años de esfuerzo y dedicación. Sin embargo, la posibilidad de diseñar esa estrategia legal fue surgiendo como un mecanismo de proteger el patrimonio de la empresa para que fuera inaccesible y pudiéramos seguir de pie como compañía.

De este modo, el viraje le permitió a la empresa subsistir y seguir operando. A pesar de haberse reducido en tamaño al cerrar 14 tiendas y ver sus inventarios disminuidos, salió fortalecida. Logró volver a ganar dinero después de mucho tiempo y pudo ver la luz al final del túnel en medio de un país en crisis en el que no muchos corrieron con la misma suerte.

CONCLUSIÓN

En la vida de las empresas pueden darse situaciones de crisis o estancamiento propiciadas por una falta de respuesta adecuada ante cambios abruptos en los mercados, cambios políticos o legales, o cambios internos en la organización, entre muchos otros.

Advertir estas situaciones y superarlas para volver a la senda del crecimiento de valor implica estar dispuesto a tomar grandes decisiones de renovación. El primer paso es reconocer que la ruta que llevamos no nos conduce a un buen destino, que incluso puede destruir la empresa. Debemos entonces estar dispuestos a tomar decisiones de abandono para darnos a la tarea de encontrar el nuevo futuro a construir.

El viraje estratégico es la metodología que nos conduce a superar las situaciones de adversidad, preparándonos mentalmente para hacerle frente y ofreciéndonos un camino probado de cómo salir avante.

Estamos viviendo tiempos turbulentos. El cambio no da tregua. Las pandemias están transformando las condiciones de vida de las personas y de los negocios, acelerando la necesidad de digitalizar nuestras formas de operación en respuesta a nuevos comportamientos en los mercados. Enfrentamos cambios políticos y sociales en todos los ámbitos.

Los empresarios hemos de estar atentos a la evolución de nuestras organizaciones, a la capacidad de adaptación de nuestras empresas y a la búsqueda incesante del liderazgo competitivo.

Nuestros mercados no se están quietos. Nuestros productos no son para siempre. Las propuestas de valor se oxidan y exigen reinventarse. El éxito y los buenos resultados no perduran si no actualizamos su vigencia.

El viraje no es más que una reacción tardía. Una adecuación que previamente debió hacerse. Los cambios del entorno no son los culpables. El descuido, la lentitud y la falta de liderazgo son, en el fondo, las razones primigenias que nos llevan a virar.

Preparémonos para afrontar situaciones nuevas. Estemos atentos a entrar en modo viraje cada vez que sea necesario. Ya hemos pasado por muchas crisis y las seguiremos encontrando en el camino.

Los casos y conceptos planteados en este libro muestran problemas recurrentes en muchas empresas y, al mismo tiempo, senderos probados y validados para resolverlos. Esperamos que puedan inspirarlos y orientar sus reflexiones en la búsqueda de soluciones para sus negocios.

GLOSARIO

Alineación de la organización: velocidad de respuesta para orquestar cambios e implementar con efectividad jugadas discontinuas. Hay que asegurar que los esfuerzos, sistemas y recursos estén orientados a los objetivos y prioridades de la visión estratégica de futuro.

Alineación de los recursos: flexibilidad para reordenar procesos y reasignar medios materiales con eficiencia hacia las nuevas oportunidades estratégicas.

Alineación de la información: destreza para adecuar indicadores y sistemas de monitoreo para medir los aspectos relevantes de la estrategia de creación de valor.

Binomio producto-mercado: unidad comercial básica que define un segmento de mercado y su comportamiento, y una propuesta de valor con sus atributos diferenciales.

Calidad: capacidad de responder a los requerimientos de demanda externa e interna, de descubrir cuáles son los rasgos que más valoran los clientes y actuar en consecuencia.

Captura de valor: capacidad de la empresa de optimizar la generación de flujos, como resultado de reorientar los elementos de su operación hacia las oportunidades estratégicas de creación de valor.

Competidor: todo aquel que me puede sustituir como proveedor. Quien tiene posibilidades reales de satisfacer a mi cliente igual o mejor que yo.

Competitividad: grado de identificación entre lo que mi cliente quiere y lo que yo le ofrezco, en comparación con sus otras opciones.

Complementariedad: es el arte de cubrir nuestras debilidades con talentos de otros, y también para hacer que nuestros colaboradores hagan equipo entre ellos.

Concentración estratégica: capacidad de la empresa de atender a cada negocio como si fuera el único, dedicando los mejores recursos a las mejores oportunidades y aplicando el abandono estratégico de aquello que no podemos atender como único o que no sea una oportunidad relevante.

Concentrarse: meterse a fondo, dedicación plena a un campo elegido. Enfocarse a cabalidad en un segmento de mercado específico.

Core Business: es el negocio medular que define el quehacer básico de la empresa. El principal negocio en el que la empresa es especialmente diestra para competir.

Cultura: esquema básico de creencias, comportamientos y actitudes compartidos por los miembros de una organización.

Definición del negocio: manera en que la empresa compite en el mercado, crea y captura valor.

Desenfoque: orientación de la empresa a explotar más oportunidades de las que puede atender competitivamente.

Diferenciación: forma única y apreciada por un mercado de ganar su preferencia.

Dimensión óptima: diseño empresarial que optimiza el gasto y la inversión con los ingresos y utilidades que pueden generar. Volumen de operación al que se maximiza la rentabilidad de una empresa en un momento dado.

Dispersarse: orientación a atender más oportunidades de las que se pueden cubrir a cabalidad como: negocios, mercados, clientes, productos, fórmulas de negocio, prioridades y actividades.

Dispersión competitiva: debilitamiento fruto del desenfoque. Dilución de las energías organizacionales en demasiadas fórmulas de negocio.

Dueñez empresaria: es la capacidad de gobernar la relevancia y la permanencia de nuestras organizaciones para que creen más riqueza. Dueñez es una marca registrada por Carlos A. Dumois.

Enfoque competitivo: capacidad de la empresa para desarrollar ofertas superiores en cada segmento del mercado en el que participa.

Empoderamiento: capacidad de un líder para multiplicar el poder de su organización. Es el trabajo que tiene que hacer el empresario para facultar cada vez más a su equipo.

Estrategia competitiva: Conjunto de medidas en los ámbitos de la fertilidad, la diferenciación y el posicionamiento con las que una empresa busca fortalecer su liderazgo en el mercado.

Estructura financiera: relación entre los activos y sus fuentes de financiamiento (pasivos y capital) que inciden en la liquidez y en la solvencia de una empresa.

Fertilidad: potencial relativo de negocio de cada segmento de mercado.

Fórmula de gobierno: diseño y orquestación del ejercicio del poder para optimizar condiciones de gobernabilidad.

Fórmula de propiedad: diseño y manejo de las condiciones patrimoniales para facilitar el ejercicio del rol de dueño.

Flujo financiero: es el resultado de la diferencia entre ingresos y egresos. Nivel de desahogo en el manejo de la tesorería.

Generación de valor: capacidad de la empresa para obtener del mercado ingresos rentables como fruto de su liderazgo competitivo.

Gobernabilidad: capacidad de conducción de la organización en la toma de decisiones y en la implementación de las mismas. Esto es lo que permite la generación de resultados eficaces y el aseguramiento de la permanencia de la empresa.

Gobierno: capacidad de conducir a la empresa hacia su propio destino, que es un camino determinado de creación de riqueza.

Líder de viraje: es quien conduce el proceso para superar una situación de crisis o estancamiento, recuperando la salud financiera de la empresa y su capacidad de crear valor.

Liderazgo competitivo: capacidad de conducción de un mercado específico a través de una propuesta de valor superior a la de la competencia.

Liderazgos: conjunto de habilidades para lograr que los colaboradores quieran y sean capaces de generar visiones, alcanzar metas y producir cambios.

Manejo del poder: capacidad de distribuir la influencia en la organización a través de la identificación de talentos, la movilización de voluntades, el desarrollo de capacidades y la asignación de facultades.

Margen: valor percibido por el cliente por encima de los costos incurridos en la elaboración de un producto o servicio. Financieramente se traduce en la diferencia entre el costo directo y el precio.

Mejora continua: es una disciplina organizacional orientada hacia la optimización en cualquier ámbito.

Mejora discontinua: es una disciplina organizacional orientada hacia la búsqueda de jugadas estratégicas que detonan la creación de valor. Implica pensar disruptivamente en lo posible, lo diferente, lo único.

Métrica de valor: herramienta financiera para determinar la capacidad de generación de flujo libre de una empresa, su rango y potencial de valor. Multiplicación de valor: capacidad de la empresa para detonar su valor a través del crecimiento de sus operaciones de manera rentable.

Poder organizacional: capacidad de ejercer influencia hacia el comportamiento de la organización.

Posicionamiento: lugar que ocupa una empresa o producto en la mente del mercado.

Proceso crítico: aquel que da soporte a las claves estratégicas de creación de valor.

Propiedad: es la facultad de disponer del capital y sus beneficios.

Querencia: manifestación de los propósitos y deseos del dueño sobre lo que espera de la empresa. Voluntad compartida de los miembros de la organización sobre el futuro a construir.

Recurso básico: recurso cuyo peso específico gravita de forma decisiva en la economía del negocio y cuya productividad detona las demás productividades.

Recursos: cantidad y calidad de los medios de que dispone la empresa.

Rendimiento: eficiencia en el manejo y aprovechamiento de recursos a través de parámetros objetivos.

Segmentación de mercado: proceso de identificación de grupos de compradores con similar comportamiento comercial.

Sinergia: capacidad de la empresa para integrar talentos y multiplicar su poder.

Sincronía: capacidad de maniobrar para mantener el equilibrio en cada momento de crecimiento.

Sistema básico de información: conjunto de reportes orientados a monitorear la operación de la empresa en sus variables críticas de manera sistemática.

Ventaja competitiva: característica que distingue a una empresa en su forma única y original de atender una variable clave de preferencia del mercado. Lo que hacemos mejor o diferente que los competidores, y es valorado por el cliente.

Visión: capacidad de un líder de concebir con su equipo de trabajo un proyecto común de crecimiento al que todos se comprometen a hacerlo realidad.

BIBLIOGRAFÍA

Bibeault, D. (1998). *Corporate Turnaround: How Managers Turn Losers into Winners*. Beard Books.

Dumois, C. A. (2000). "Viraje mental", *Periódico Mural.* Consultado en https://hemerotecalibre.mural.com.mx/20000428/interactiva/MNEG20000428-002.JPG

—— (2000). "Viraje del gobierno". *Periódico Mural.* Consultado en https://hemerotecalibre.mural.com.mx/20000428/interactiva/MNEG20000428-002.JPG.

—— (2009a). "Mentalidad de viraje". *Noroeste.* Consultado en https://www.noroeste.com.mx/hubnegocios/duenez-empresaria-NENO144238.

—— (2009b). "Retos del líder de cambio". *Noroeste.* Consultado en https://www.noroeste.com.mx/hubnegocios/duenez-empresaria-KCNO128561.

—— (2009c). "Manejo de interesados en una crisis". *Noroeste.* Consultado en https://www.noroeste.com.mx/hubnegocios/duenez-empresaria-JDNO138274.

—— (2021d). "Cambios organizacionales". *Gerente.*

—— (2004e). "Viraje personal". *Noroeste.*

—— (2009f). "Cuándo pensar en un viraje". *Noroeste.* Consultado en https://www.noroeste.com.mx/hubnegocios/empresarios-en-crecimiento-DANO105363.

—— (2009g). "Fundamentos de gestión de viraje". *Noroeste*. Consultado en https://www.noroeste.com.mx/hubnegocios/empresarios-en-crecimiento-DBNO116948.

—— (2009h). "Causas de nuestra crisis". *Noroeste*. Consultado en https://www.noroeste.com.mx/hubnegocios/empresarios-en-crecimiento-OBNO118996.

—— (2009i). "Viraje continuo". *Noroeste*. Consultado en https://www.noroeste.com.mx/hubnegocios/duenez-empresaria-antes-empresarios-en-crecimiento-FCNO123071.

—— (2009j). "Retos del líder de cambio". *Noroeste*.

—— (2009k). "Ingredientes de un viraje exitoso". *Noroeste*. Consultado en https://www.noroeste.com.mx/hubnegocios/duenez-empresaria-LDNO130469.

—— (2009l). "La oportunidad del viraje 2". *Noroeste*. Consultado en https://www.noroeste.com.mx/hubnegocios/duenez-empresaria-MDNO132790.

—— (2009m). "Manejos de interesados en una crisis". *Noroeste*. Consultado en https://www.noroeste.com.mx/hubnegocios/duenez-empresaria-JDNO138274.

—— (2009n). "Modelo de viraje". *Noroeste*. Consultado en https://www.noroeste.com.mx/publicaciones.php?id=482988.

—— (2009ñ). "Mentalidad de viraje". *Noroeste*. Consultado en https://www.noroeste.com.mx/hubnegocios/duenez-empresaria-NENO144238.

—— (2009o). "Previendo crisis". *Noroeste*. Consultado en https://www.noroeste.com.mx/hubnegocios/duenez-empresaria-KHNO177915.

—— (2009p). "El arte de la implementación". *Noroeste*. Consultado en https://www.noroeste.com.mx/hubnegocios/duenez-empresaria-CINO184314.

—— (2020q). "Postura mental". *Noroeste*. Consultado en https://www.noroeste.com.mx/colaboraciones/postura-mental-JGOP112694.

—— (2020r). "Líder de viraje". *Noroeste*. Consultado en https://www.noroeste.com.mx/colaboraciones/lider-de-viraje-AGOP114444.

Goldstein, A. (1988). *Corporate Comeback: Managing Turnarounds and Troubled Companies*. John Wiley & Sons Inc.

Lenahan, T. (2005). *Turnaround: Shutdown and Outage Management Effective Planning and Step-by-Step Execution of Planned Maintenance Operation*. Butterworth-Heinemann.

Slatter, S., D. Lovett L. y Barlow (2006). *Leading Corporate Turnaround*. Jossey- Bass, Chichester.

Slatter, S., y D. Lovett (1999). *Corporate Turnaround: Managing Companies in Distress*. Penguin UK.

Sloma, R. S. (2000). *The Turnaround Manager's Handbook*. Beard Books.

Tilley, A. (2019). *Turnaround Management: Unlocking and Preserving Value in Distressed Businesses*. Globe Law and Business.

White, J. S., y M. L. Shuchman (1994). *The Art of the Turnaround: How to Rescue Your Troubled Business from Creditors, Predators, and Competitors*. Amacom.

ACERCA DE LOS AUTORES

Como fundadores del Centro de Dueñez Empresaria (CEDEM), han compartido en más de 40 años de vida profesional un mismo propósito: formar y acompañar a los empresarios en la creación, multiplicación y captura de valor en sus negocios. Aun en sus momentos más inciertos y oscuros, han buscado cómo proteger su patrimonio y, sobre todo, cómo asegurar la continuidad de sus empresas a largo plazo.

A su experiencia han sumado valiosos aportes de reconocidos expertos en temas de viraje de Estados Unidos, España y Gran Bretaña. En especial de la Chicago Booth Business School y de la Turnaround Management Association (TMA). Han aplicado su trabajo principalmente en empresas privadas y familiares de Hispanoamérica, con más de 3 000 organizaciones atendidas.

CARLOS A. DUMOIS NÚÑEZ

Es el creador del concepto Dueñez Empresaria, y presidente del CEDEM, organización a través de la cual ha ayudado a miles de empresarios a ejercer su rol como dueños de manera más efectiva y a dirigir el crecimiento de valor de sus compañías.

Es licenciado en Ciencias por la Universidad de Miami y máster en Dirección de Empresas por el IPADE. Ha sido destacado conferencista internacional, profesor invitado de la Escuela de Administración del ITESO, Universidad Jesuita de Guadalajara; Instituto de Empresa de Madrid, ESADE en Barcelona, Universidad Francisco Marroquín en Guatemala y el Tec de Monterrey. Actualmente es codirector del Executive Master in Ownership and Value Creation de Euncet Business School, de la Universidad Politécnica de Cataluña.

Es autor del libro *Consejo de administración. Compartiendo la Dueñez y la creación de valor.* Se ha destacado por más de dos décadas como columnista de revistas especializadas y diarios a través de sus columnas "Empresarios en Crecimiento" y "Dueñez Empresaria", con más de 2 000 artículos escritos, muchos de los cuales han sido la base de este libro.

GUILLERMO GUTIÉRREZ RAMÍREZ

Cuenta con amplio reconocimiento como consultor internacional en las áreas de Dueñez empresaria, gestión del valor y empresas familiares.

Es licenciado en Administración de Empresas por la Universidad de Guadalajara y máster en Administración por el IPADE, con formación como consejero de administración por el Tec de Monterrey y el Instituto de Empresa de Madrid. Está Certificado como Coach Ontológico Senior por Newfield Consulting.

Ha sido conferencista en foros nacionales e internacionales en temas de crecimiento empresarial y empresas familiares y columnista de la revista *Estrategia y Negocios.* Ha sido profesor en reconocidos centros de estudio como el ITESO, la Universidad de Guadalajara, la Universidad Panamericana y Euncet Business School, de la Universidad Politécnica de Cataluña.

FRANCISCO BAUMGARTEN GÜEREÑA

Es contador público por la Universidad de Guadalajara y cuenta con una amplia trayectoria como consultor y consejero de múltiples empresas, en especial del sector inmobiliario.

Se ha destacado como ejecutor de más de 50 procesos de viraje estratégico en México, Centroamérica y Colombia, principalmente. De esta experiencia destaca la satisfacción de contribuir a que las empresas en crisis puedan retomar la ruta del crecimiento de una mejor manera; así como la de salvar empleos y superar los momentos de tensión y desconfianza de todos los *stakeholders*, que resultan inevitables.

enguin Random House Grupo Editorial, S.A.U.
avessera de Gràcia, 47-49
Z, 8021
tps://www.penguinlibros.com/es/content/1334-seguridad-de-los-productos
guridadproductos@penguinrandomhouse.com
4 93 366 03 00

ne authorized representative in the EU for product safety and compliance is

enguin Random House Grupo Editorial, S.A.U.
avessera de Gràcia, 47-49
Z, 8021
tps://www.penguinlibros.com/es/content/1334-seguridad-de-los-productos
guridadproductos@penguinrandomhouse.com
4 93 366 03 00

3N: 9798890987433
elease ID: 156016905

www.ingramcontent.com/pod-product-compliance
Lightning Source LLC
LaVergne TN
LVHW041205150826
845673LV00001B/291

* 9 7 9 8 8 9 0 9 8 7 4 3 3 *